全国司法职业教育"十二五"规划教材

警察防卫与控制技术（第四版）

全国司法职业教育教学指导委员会　审定

主　编 ◎ 郏孙勇

副主编 ◎ 金　博　程孟良　赵先朗

撰稿人 ◎ 金　博　刘志勇　王延林

　　　　张泽平　游　旭　金少华

　　　　郏孙勇　程孟良　赵先朗

中国政法大学出版社

2024·北京

图书在版编目（CIP）数据

警察防卫与控制技术 / 郑孙勇主编. -- 4版. --北京：中国政法大学出版社, 2024. 9
（2025.7重印）. -- ISBN 978-7-5764-1734-0

Ⅰ. G852.4

中国国家版本馆CIP数据核字第2024BA7202号

书　　名　警察防卫与控制技术 JINGCHA FANGWEI YU KONGZHI JISHU

出　版　者　中国政法大学出版社

地　　址　北京市海淀区西土城路 25 号

邮　　箱　fadapress@163.com

网　　址　http://www.cuplpress.com（网络实名：中国政法大学出版社)

电　　话　010-58908435(第一编辑部) 58908334(邮购部)

承　　印　北京中科印刷有限公司

开　　本　720mm×960mm　1/16

印　　张　11.25

字　　数　151 千字

版　　次　2024 年 9 月第 4 版

印　　次　2025 年 7 月第 2 次印刷

印　　数　10001~20000 册

定　　价　49.00 元

出 版 说 明

　　世纪之交，我国高等职业教育进入了一个以内涵发展为主要特征的新的发展时期。1999 年 1 月，随着教育部和国家发展计划委员会《试行按新的管理模式和运行机制举办高等职业技术教育的实施意见》的颁布，各地成人政法院校纷纷开展高等法律职业教育。随后，全国大部分司法警官学校，或单独升格，或与司法学校、政法管理干部学院等院校合并组建法律类高等职业院校举办高等法律职业教育，一些普通本科院校、非法律类高等职业院校也纷纷开设高职法律类专业，高等法律职业教育蓬勃兴起。2004 年 10 月，教育部颁布《普通高等学校高职高专教育指导性专业目录（试行）》，将法律类专业作为一大独立的专业门类，正式确立了高等法律职业教育在我国高等职业教育中的重要地位。2005 年 12 月，受教育部委托，司法部组建了全国高职高专教育法律类专业教学指导委员会，2012 年 12 月，全国高职高专教育法律类专业教学指导委员会经教育部调整为全国司法职业教育教学指导委员会，积极指导并大力推进高等法律职业教育的发展。

　　截至 2007 年 11 月，全国开设高职高专法律类专业的院校有 400 多所，2008 年全国各类高校共上报目录内法律类专业点数达到 700 多个。为了进一步推动和深化高等法律职业教育教学的改革，促进我国高等法律职业教育的质量提升和协调发展，原全国高职高专教育法律类专业教学指导委员会（全国司法职业教育教学指导委员会）于 2007 年 10 月，启动了高等法律职业教育规划教材编写工作。该批教材积极响应各专业人才培养模式改革要求，紧密联系课程教学模式改革需要，以工作过程为导向，对课程教学内容进行了整合，并重新设计相关学习情景、安排相应教学进程，突出培养学生一线职业岗位所必需的职业能力及相关职业技能，体现高职教育职业性特点。教材的编写力求吸收高职教育课程开发理论研究新成果和一线实务部门工作新经验，邀请相关行业专家和业务骨干参与编写，着力使本规划教材课程真正反映当前我国高职高专教育法律类专业人才培养模式及教学模式改革的新趋势，成为我国高等法律职业教育的精品、示范教材。

全国司法职业教育教学指导委员会

2013 年 6 月

第四版说明

　　党的二十大报告指出，公正司法是维护社会公平正义的最后一道防线。党的二十届三中全会提出，国家安全是中国式现代化行稳致远的重要基础。必须全面贯彻总体国家安全观，完善维护国家安全体制机制，实现高质量发展和高水平安全良性互动，切实保障国家长治久安。要健全国家安全体系，完善公共安全治理机制，健全社会治理体系，完善涉外国家安全机制。

　　监狱作为国家的刑罚执行机关，按照对罪犯实行惩罚和改造相结合、教育和劳动相结合的原则，其功能是将罪犯改造成为守法公民。监狱人民警察承担着依法管理监狱、执行刑罚、对罪犯进行教育改造等职责，其职责履行是全面依法治国中不可或缺的部分，关系着党执政兴国，关系着人民幸福安康，关系着国家长治久安。因此，不断提升监狱人民警察包括警察防卫与控制技术在内的警务技战术能力与水平，有利于保障刑罚的正确执行，保证监狱的安全稳定，更好地发挥法治固根本、稳预期、利长远的保障作用，是在法治轨道上全面建设社会主义现代化国家的应有之义。

　　浙江警官职业学院郏孙勇教授带领警务实战专家教研团队，长期潜心研究国内外先进的警察防卫与控制技术（如 ISR 警用控制技术等）和监狱人民警察的队伍建设，以任务为牵引，立足岗位需求，总结出了一系列既基于人体本能、契合队伍实际，又简单易学的防卫与控制技术，并在多年的教学实践和任务检验中不断加以完善，最终形成了一个涵盖体能、技能、战术等各方面的综合体系。目前，由郏孙勇教授主编，国内多所司法警官职业院校专业教师和行业专家共同参与编写的全国司法职业教育"十二五"规划教材《警察防卫与控制技术（第四版）》将由中国政法大学出版社出版。本教材对应的课程"警察防卫与控制"被评为国家级精品在线课程、浙江省一流线下核心课程，课程教学团队曾在全国高职院校教学能力比赛中获一等奖。

本教材适应任务形势的变化，立足刑罚执行专业教学和监狱工作的实际，稳步推进监狱人民警察执法规范化建设，其有着鲜明的特点：一是充分体现了最新的法治精神。将党的创新理论和党的二十大精神、党的二十届三中全会精神融入教材，进一步强化监狱人民警察队伍的政治性。始终坚持党对政法工作的绝对领导，将近年来党中央对人民警察队伍建设的新要求、司法部对监狱人民警察工作的新部署、警务职责任务的新拓展、警察管理制度改革的新成果融入教材。例如，将党的二十大报告中"坚持全面依法治国，推进法治中国建设"写进教材，将习近平总书记对人民警察的训词写进教材等。以思政教育培养学习者的法治思维和"忠诚、为民、公正、廉洁"的人民警察核心价值观。二是融入最新法律法规。本教材对上一版教材的内容进行了补充修正，增加了新的法律法规和司法解释，更具指导性。通过案例使学生置身于具体的执法情境中，引导学生运用所学知识自主思考，在直面具体的矛盾和冲突时加深对知识的理解，实现书本知识与实际运用的无缝衔接。三是将实战化训练的新要求、教育训练内容的新拓展、警察战术战法的新发展等编入教材，进一步增强教材的先导性和实效性。四是针对上一版教材使用过程中发现的问题进行补充，回应训练实践中的新需求、新期待，进一步增强教材的针对性和实用性。

本教材共分为六个单元，单元一为概述；单元二为压点控制技术；单元三为单警应答式徒手控制；单元四为遇抗防御与控制技术；单元五为警组协同控制技术；单元六为民警自我防护与解脱技术。为了使刚刚接触警察徒手防卫与控制技术的警校学员、社招新警等初学人群能够更好地理解、领悟书中的技术动作和战术理念，以便在日后的执勤执法实践中能够灵活运用所学知识，本教材对相关技术动作采用了全漫画图示。

　　本教材的定位不仅限于将其作为高等院校警察类刑事执行专业和司法警务专业的教材，也可作为在职人员的专业培训用书。就使用领域而言，不仅局限于监狱管理机关和司法行政戒毒机关，对其他警种的人民警察，如公安机关、国家安全机关、人民法院、人民检察院的人民警察的警务技战术理论研究与实务工作也有一定的参考价值。

　　本教材的具体写作分工如下：

　　单元一由江西司法警官职业学院党委书记金博编写；

　　单元二由江西司法警官职业学院警体部刘志勇编写；

　　单元三由郏孙勇技能大师工作室客座教授王延林编写；

　　单元四由浙江警官职业学院警体部副教授张泽平编写；

　　单元五由杭州市上城区人民法院法警大队游旭编写；

　　单元六由浙江省第二监狱特警队金少华编写。

　　本教材由郏孙勇、程孟良、赵先朗最终修改定稿。

　　本教材与浙江省高级人民法院法警总队、陕西省高级人民法院法警总队、湖北省高级人民法院法警总队、新疆维吾尔自治区高级人民法院法警总队、浙江省第二监狱、浙江省第二女子监狱、浙江省第五监狱、浙江省十里坪监狱、浙江省南湖监狱、浙江省之江监狱、河南省焦作监狱、河南省焦南监狱、四川省达州监狱、重庆市垫江监狱、江西省洪城监狱、云南省丽江监狱（顺序不分先后）等单位合作开发。在本教材的编写过程中，作者参考、引用了许多专家、学者及相关政法机关实务人员的著述，因时间仓促，虽疏于呈列，但在此亦表示感谢！

　　由于作者水平和实务经验有限，书中难免有所遗漏，敬请读者批评指正。

编　者

2024 年 9 月

课程网络教学资源地址

目录 CONTENTS

单元一　概　述 ▶ 1

任务一　《警察防卫与控制》课程的性质与任务　/ 1

任务二　警察防卫与控制的概念　/ 2

任务三　警察防卫与控制技能使用的法律依据　/ 4

任务四　一线监狱人民警察规范性执法存在的问题　/ 6

任务五　监狱人民警察防卫与控制技能的使用原则　/ 9

任务六　《警察防卫与控制》课程的武力—应答模式　/ 12

任务七　《警察防卫与控制》课程的特点　/ 18

单元二　压点控制技术 ▶ 20

任务一　压点控制的概念　/ 21

任务二　压点控制的技术原理　/ 22

任务三　头颈部区域神经触发点　/ 23

任务四　头颈部神经触发点的压制　/ 24

任务五　肌肉神经丛的触发点　/ 32

任务六　肌肉神经丛的跪压技术　/ 34

单元三　单警应答式徒手控制 ▶ 41

任务一　单警应答式徒手控制的概念　/ 42

任务二　单警应答式徒手控制技术原理　/ 43

任务三　单警应答式徒手控制的戒备姿势　/ 44

任务四　单警应答式徒手控制及技术转换　/ 48

任务五　单警应答式徒手控制失效后的武力转换　/ 67

任务六　单警应答式徒手控制的综合技术　/ 73

单元四　**遇抗防御与控制技术** ▶ 76

任务一　遇抗防御与控制的概念与原理　/ 77

任务二　遇抗控制的防御手型　/ 79

任务三　由抱头防御转入钩锁固定　/ 82

任务四　由钩锁固定转入拖向地面　/ 84

任务五　倒地翻身技术　/ 96

任务六　遇抗控制的综合运用　/ 102

单元五　**警组协同控制技术** ▶ 106

任务一　警组协同控制的概念及技术原理　/ 107

任务二　警组协同的遇抗控制技术　/ 109

任务三　警组协同徒手带离与控制　/ 120

任务四　警组协同的翻身技术　/ 128

单元六　**民警自我防护与解脱技术** ▶ 133

任务一　自我防御与解脱技术的概念　/ 134

任务二　身体正面被控制的解脱与自救　/ 136

任务三　身体侧面被控制的解脱与自救　/ 141

任务四　从身体盲区位置控制颈部的解脱与自救　/ 145

任务五　在地面被压制的解脱与自救　/ 152

任务六　致命物品挟持的解脱与自救　/ 157

单元一　概　述

学习目标

知识目标：了解警察防卫与控制的概念、法律依据、目前存在的问题、使用原则。

能力目标：掌握警察防卫与控制的武力-对抗应答模式与运用。

思政目标：按照对党忠诚、服务人民、执法公正、纪律严明的要求，培养忠于职守、严格公正、尊重人权、英勇机敏、团结协作的新时代监狱人民警察。

教学重点：警察徒手防卫与控制技术的使用原则。

教学难点：警察徒手防卫与控制的武力-对抗应答模式。

任务一　《警察防卫与控制》课程的性质与任务

课程性质

《警察防卫与控制》作为刑事执行专业（高职层次）的核心课程，其设计严格遵循了国家制定的专业教学标准与刑事执行领域高端技能型人才培养的宏伟蓝图，深度契合监狱人民警察岗位能力的核心诉求。本课程立足于对行业动态的全面调研，编写团队携手业界资深专家，精心构筑了一个理论与实践深度融合、紧密围绕实际工作任务的学习生态系统。通过实施"知识理解、意识生成、技能固化、实战优化"这一层层递进的四阶段教学策略，本课程不仅致力于传授学生应对狱内暴力突发事件的高效专业技能，更在潜移默化中塑造学生"忠诚于职、勇于担当、无私奉献"的崇高警察职业道德。此课程不仅是学生专业知识体系的基石，更是他们未来实习实训、专业深造乃至参与各类技能竞赛的坚实后盾。它为学生搭建起一座从理论殿堂通往实战前沿的桥梁，助力学生在刑事执行领域展翅高飞，成为既精通业务又具备职业道德的优秀人才。

课程任务

通过《警察防卫与控制》课程的教学训练，强化学生安全意识，树立依法、合理、安全、有效的执法理念，熟练掌握处置目标消极对抗、打架斗殴、持械行凶等突发事件所需的技能与战术，学会小组协同控制，提高警务技战术能力，实现"0"伤亡的目标。通过课程学习，全面发展学生的体能与专项素质，增强体质；学会科学锻炼身体的方法，养成自觉锻炼的习惯；在训练中，培养学生的警察意识、集体主义精神和勇猛顽强、机智果断、沉着冷静、坚韧刚毅的战斗作风。

任务二　警察防卫与控制的概念

提到防卫与控制，很多人自然会想到以散打、拳击、摔跤等为代表的高强度竞技对抗项目。不可否认的是，警察防卫与控制与一些竞技对抗项目有着共同的渊源，但警察的执法环境和职责决定了两者之间的显著差异。一方面，当面对一些消极对抗或轻微对抗事件时，警察若直接使用散打、拳击、摔跤等传统竞技技术，很有可能给目标带来严重伤害；另一方面，传统的竞技对抗需要一个长期、系统的训练过程，由于人民警察的工作特性，往往难以保证有充足的训练时间，更何况警察个体在体能、技能等方面有所差异，短时间内难以达到所需的技术水平。在这种情况下，如果遇到暴力性突发事件，贸然进行处置，就很有可能在处置中错失良机，不仅无法实现安全、有效的约束与控制，还会给当事民警和组织造成难以挽回的法律后果，甚至引发舆论风波。鉴于此，寻求一种基于人的本能反应、无需花费太多训练时间，适合一线民警学习与掌握的、有较低伤害与法律风险的防卫与控制技术成为警察教育训练部门和警察教育训练工作者们一直探求的目标。

警察防卫与控制作为警察武力使用[1]的重要内容，是在依法治国的背景下，在修正以往擒敌技术、制暴术等概念的前提下提出的。"防卫"即预防、防御。"控制"是指约束、限制、制止目标的身体及活动范围，控制现场事态的发展。它的提出体现了现代警察防卫在先、控制为主的执法理念。因此，警察防卫与控制的概念广义上可以理解为人民警察在执法过程中依据法律、法规和相关司法解释，通过徒手，或使用警械、武器，控制、制服违法犯罪分子的特殊技能。它更加注重如何引导民警将思维、意识、技能三要素复合作用，形成本能的反应，使民警在面对变幻不定的现实情况时，能迅速作出准确判断，依法、简单、高效地运用各种技能，保证自身安全的同时又控制了事态的发展。按照警察武力使用的层级结构，警察徒手的防卫与控制技能也是后续警械和武器使用、警组战术运用的基础。这也是本书以警察防卫与控制技术为题，紧紧围绕警察徒手防卫与控制这一内容展开探讨的原因。那么，什么是警察徒手防卫与控制？笔者认为，警察徒手防卫与控制，是指警察在执行任务时，根据法律、法规和相关司法解释的规定，遇到不能或不便使用警械和武器的情况时，使用徒手技能制止违法犯罪行为，控制违法犯罪人员，保护自身和周边人员安全所采用的技能的总称。

国家安全与社会稳定，作为构筑中国特色社会主义现代化国家宏伟蓝图的基石，其重要性不言而喻，国家安全与社会稳定是驱动中国式现代化进程不可或缺的社会根基。监狱，作为国家机器中不可或缺的坚固盾牌，其安全稳定直接关系到社会整体的安宁与国家的长治久安。在这一背景下，监狱人民警察被赋予了至高无上的使命——守护监所安全。这不仅是维护社会秩序的防线，更是捍卫国家安全的坚实壁垒。面对目

---

〔1〕 警察武力使用，是指警察依据法定条件针对违法行为人，通过规范语言、身体力量、器械和武器的使用而对其思想、暴力行为进行的一种法律强制。参见翟金鹏：《警察武力使用行为法律性质问题研究》，载《中国人民公安大学学报（社会科学版）》2018 年第 4 期。

标群体中可能出现的复杂多样、挑战权威的行为——从消极抵抗、抗拒改造到聚众滋事、暴力冲突，乃至脱逃拒捕等极端事件，监狱人民警察必须展现出高度的专业素养与应变能力。他们不仅是法律的执行者，更是智慧与勇气的化身，能够在关键时刻灵活运用语言控制的艺术、徒手控制的技巧，以及依法合规使用警械乃至武器的果敢决断，构建起一道坚不可摧的安全防线。这一系列行动不仅是警察防卫与控制策略的生动实践，更是对"依法、严格、科学、文明"管理理念的深刻诠释。它们旨在恢复并维护监狱内正常的监管与教育改造秩序，确保刑罚执行的公正性与完整性，从而最大限度地促进目标的思想转化与行为矫正，最终实现其重新融入社会的目标。因而在应对各类突发事件时所采取的防卫与控制措施，不仅是维护国家安全与社会稳定的必要手段，也是推进法治建设、彰显司法文明的重要体现，其意义深远，影响广泛，无疑属于警察防卫与控制领域中的核心议题与关键环节。当然，上述这些措施属于广义的警察防卫与控制范畴。

任务三　警察防卫与控制技能使用的法律依据

纵观我国的法律体系，关于人民警察执法中警察防卫与控制技能使用的相关法律法规和司法解释有很多，从《中华人民共和国宪法》、《中华人民共和国刑法》、《中华人民共和国警察法》（以下简称《人民警察法》）、《中华人民共和国监狱法》（以下简称《监狱法》）、《中华人民共和国枪支管理法》以及《中华人民共和国人民警察使用警械和武器条例》（以下简称《人民警察使用警械和武器条例》），再到各警种的细化规定，如《公安机关人民警察现场制止违法犯罪行为操作规程》《公安机关现场执法指引》《司法行政机关强制隔离戒毒工作规定》《人民法院司法警察常用警用装备使用办法（试行）》等，这些规定明确了作为国家强制力象征的人民警察的任务属性，是人民警察在执

法工作中依法履行职责、合法使用防卫与控制技能，从而有效制止和打击违法犯罪行为的法律基础。

《人民警察使用警械和武器条例》第二条规定，人民警察制止违法犯罪行为，可以采取强制手段。结合《公安机关人民警察现场制止违法犯罪行为操作规程》第十四条的规定，处置措施，是指公安民警为现场制止违法犯罪行为而依照本规程采取的强制手段，由轻到重依次为：口头制止、徒手制止、使用警械制止、使用武器制止。该规程第二十八条和第三十四条分别规定，符合使用警械条件，但是现场没有警械或者使用警械可能造成更为严重危害后果的，公安民警可以使用除武器以外的其他物品对违法犯罪行为人进行控制。符合使用武器条件，但是现场没有武器或者使用武器可能造成更为严重危害后果的，公安民警可以使用其他必要强制手段制服犯罪行为人。可见，与警察的防卫与控制密切相关的"强制手段"既包括警察依照规定装备的警械和武器，也包括使用徒手防卫控制技术或非警用的就近、便于使用的器械工具。执法实践中就有人民警察在紧急情况下使用木棒、铁铲、腰带、椅子等其他物品成功处置的案例。

作为监狱人民警察，其主要执法依据的《监狱法》第四十二条规定，监狱发现在押罪犯脱逃，应当即时将其抓获，不能即时抓获的，应当立即通知公安机关，由公安机关负责追捕，监狱密切配合。根据《监狱法》第四十五条的规定，在罪犯有脱逃、使用暴力行为、正在押解途中、有其他危险行为需要采取防范措施的，监狱人民警察可以使用警械。根据该法第四十六条的规定，在罪犯聚众骚乱、暴乱；脱逃或者拒捕；持有凶器或者其他危险物，正在行凶或者破坏，危及他人生命、财产安全；劫夺目标；抢夺武器情形下，非使用武器不能制止的，监狱人民警察按照国家有关规定，可以使用武器。众所周知，警械和武器是人民警察用于震慑、制服违法犯罪行为人的专用工具，在警械和武器未配备或是来不及或不适合使用的情况下，作为基础技能的警察徒手防卫与控制技能当然适用。该法第五十八条对罪犯有聚众哄闹监狱，扰乱正常秩序；辱骂或者殴打人民警察；欺压其他罪犯；偷窃、赌博、打架斗殴、寻衅滋事；有劳动能力拒不参加劳动或者消极怠工，经教育不改；以自伤、自残手段逃避劳动；在生产劳动中故意违反操作规程，或者有意损坏生产工具；有违反监规纪律的其他行为等破坏监管秩序情形之一的，规定监狱可以给予警告、记过或者禁闭，构成犯罪的，依法追究刑事责任。

包括监狱人民警察在内的人民警察在执行职务过程中，合法合理使用防卫与控制技能是法律赋予的权力，既有其正当性，又有其必要性。有了日益完善的法律体系的支撑，让警察的执法更有底气，操作也更为规范，对目标的权益保障也会更加到位，由此，能够更好地体现司法的公平正义和对目标的人权保障，凸显监狱工作公正高效的法治价值和保障人权的文明价值。

同时，这一法律体系的完善，更是对当事人合法权益的周全保护与尊重。它要求警察在采取防卫与控制措施时，必须严格遵循法定程序，充分尊重并保障当事人的合法权益，从而在实现司法公正的同时，也彰显了对目标基本人权的深切关怀。因此，监狱人民警察在运用防卫与控制技能的过程中，不仅是在维护监狱的安全稳定与刑罚执行的严肃性，更是在践行司法公平正义的崇高理念，以及监狱工作现代化所追求的公正高效与保障人权的双重价值。这一过程，不仅体现了法治社会的文明进步，也彰显了我国监狱工作在保障人权、促进目标改过自新方面的显著成就与不懈努力。

任务四　一线监狱人民警察规范性执法存在的问题

在实践中，以防卫与控制技能使用为主要内容的警察武力使用，往往容易成为舆论热点，从而引发对警察使用武力行为正当性的质疑，造成较大的社会影响。究其原因，除别有用心人群的污蔑丑化外，部分案件中警察武力的使用也的确存在一些问题。分析相关案例便不难发现，作为执法一线的监狱人民警察，在对目标消极对抗、打架斗殴、持械行凶等行为的处置过程中，也或多或少存在一些问题。

一、法律规定比较笼统

我国监狱人民警察在执法中使用防卫与控制技能的法律依据主要是《人民警察法》《监狱法》《人民警察使用警械和武器条例》以及各省（市、自治区）的规定，虽然其中规定了可以使用武力和不可以使用武力的情况以及使用武力的程序，但由于规定得比较笼统，针对性不强，表述上含糊不清、可操作性弱，就不可避免地会出现因执法者个人理解的不同，自由裁量尺度不一的问题，这直接影响着人民警察的临场判断，进而影响整个执法进程和效果。此外，现阶段的警察强制法律规范主要以行政法规、规章制度为主，法规、规章位阶低，效力不高，一旦发生执法纠纷，会直接影响到对执法行为的效力评价。没有明确的执法指引，导致一线监狱人民警察心存顾忌，在畏责心理的驱使下，该使用强制手段时畏首畏尾，甚至受到暴力攻击时也不敢果断使用防卫与控制技能。

二、社会舆论的不利影响

尽管近年来加大了对监狱工作的宣传力度，但由于监狱工作的特殊性，监狱人民警察的执法工作对公众来说还是有一定的"神秘感"，加之当今一些社会群体中产生的畸形权利意识，导致部分公众对监狱人民警察的执法工作不理解、不信任、不配合的现象突出；一些不负责任的新闻媒体或个别新闻工作者为了博取"流量"，针对警察使用武力的案件断章取义、肆意炒作，甚至出现以偏概全、恶意引导公众诋毁人民警察形象的现象，网络上的辱警行为蔓延至线下的执法现场，就此形成了交叉感染、恶性循环，造成警察执法中武力使用遭遇种种困境的局面；而武力使用带来的这类风险也使一线警察对徒手防卫与控制技术的使用持消极态度，这也是"不敢用"的原因之一。

三、安全意识薄弱

长久以来形成的权威角色意识深刻影响着一些监狱人民警察，他们认为在押目标一定惧怕警察，不敢对警察造次。正是因为对职业角色过于自信，从而削弱了自我防范意识，降低了危险评估的标准，导致警惕性降低，忽视了目标的潜在危险。特别是部分一线监狱人民警察长期存在对目标残忍程度估计不足、放松戒备与警惕的情况，长此以往，势必导致不必要的警察伤亡。

四、存在"不会用"强制手段的问题

经过调研发现，对于强制手段的使用较为普遍的情况是，大部分监狱人民警察少有系统地学习武力使用的法律知识及对抗训练的机会，由于日常工作繁忙、训练保障不到位等原因，很多监狱人民警察关于武力使用的技能和知识储备还只停留在入警培训阶段，随着时间的推移，这些内容也仅剩一些模糊的印象了。这必然导致部分监狱人民警察在面对目标撒泼耍赖、公然挑衅甚至是辱警等严重践踏法律尊严和警察执法权威的言行时，出现畏难、逃避、不作为心理，进而产生思想上的"不想用"。这种执法的不自信一旦传递给目标，便会助长他们的嚣张气焰，使事态难以控制，使管理陷入被动，更是对法律权威性的侵蚀。这种"不想用"的思想、"不会用"的尴尬进一步导致警察不作为、渎职等问题的发生。

五、存在情绪性执法的问题

监狱人民警察从事的是高负荷、高压力的工作，面对的又是各类心

理灰暗甚至扭曲的目标群体，执法时，不可避免地会受到各种挑衅、对抗，如果自身心态无法得到及时、正确的调整，日积月累，内心便会形成一种戾气，这种负面情绪会影响民警执法中的言辞、语气、态度，稍微遇到对抗，就可能导致情绪失控，做出与警察身份不符、有损警察形象，甚至逾越法律底线的过激行为，从而受到投诉、起诉，断送了自己的职业生涯，也给单位带来负面影响，甚至影响法律的公信力。

六、存在"警务技能无用论"的问题

"不敢用、不想用、不会用"的主观心理导致"警务技能无用论"甚嚣尘上，从而导致恶性循环，其直接表象就是警务技能训练"走过场"，参训者参与的积极性弱，达不到训练的效果，以至于警察在遇到对抗时，无法进行有效的评估、判断和合理地选择武力，临战意识差，无法控制事态的发展，进而酿成不良的后果。在现场执法过程中，就已经发生多起警察因为紧张、慌乱等因素，失去对武力使用的准确判断能力，仅凭借个人经验使用武力，而不是严格依照法定情形和程序来依法使用防卫与控制技能的失败案例。

任务五　监狱人民警察防卫与控制技能的使用原则

根据相关规定，监狱人民警察防卫与控制技能的使用必须遵循以下几个基本原则：

一、合法性原则

"法定职责必须为，法无授权不可为。"警察在使用防卫与控制技能时，首先要强调合法性原则。任何不符合法律规定、没有法律依据的强制手段，都将成为引发诉讼的隐患。监狱人民警察现场执法使用强制手段的法律依据主要来源于《人民警察法》《监狱法》《监狱人民警察

警械使用办法》等，如目标消极怠工、辱骂、挑衅、手指指向监狱人民警察等非接触的非暴力行为，警察在劝告、警告无效的情况下，可以采用温和的带离或者压点控制技术，此种情况如果贸然采用徒手击打或使用警械，就违反了有关最低武力使用的法律规定，会带来不利的执法后果。因此，监狱人民警察在使用防卫与控制技能时，必须时刻铭记合法性原则，以法律为准绳，以事实为依据，确保每一次执法行动都能经得起法律的检验与社会的审视，从而在维护监狱安全稳定的同时，也展现出司法文明与人权保障的熠熠光辉。

二、必要性原则

必要性原则，如同执法天平上的微妙砝码，要求监狱人民警察在面对目标违纪违法行为时，必须审慎考量多重因素，包括现场环境、目标的个体特征及其对抗的激烈程度，以此决定防卫与控制技能的使用与否，或是探索更为安全、高效的强制手段。这一过程，不仅体现了执法的人性化与精细化，更是对法律精神与职业操守的深刻践行。以《监狱人民警察警械使用办法》第五条规定为例，该条款明确规定了当罪犯以暴力方式抗拒和阻碍人民警察依法履职，且经警告无效时，警察有权使用警械。然而，这一权力的行使并非无条件的，它要求警察在决策时必须兼顾法律的刚性与人性的温度。例如，监狱人民警察在面对可能患有严重呼吸道或心血管疾病的目标时，即使法律赋予了其使用催泪喷射器等警械的权力，也应基于对目标生命健康的深切关怀，审慎评估其潜在风险。

在此情境下，可以选择更为稳妥的策略，以避免直接使用武力可能带来的严重后果。这样的决策，不仅是对法律的尊重，更是对生命价值的珍视，彰显了监狱工作现代化进程中公正、文明、高效的法治精神与人权保障理念。

三、最低武力使用

为了达到最佳的执法效果，经过理性地评估，监狱人民警察应该选择一种对目标造成最低伤害的强制手段。一方面，可以很好地保障目标的合法权益，使其避免不必要的伤害，体现法治精神和人道主义精神；另一方面，也会约束警察的行为，使其谨慎地使用强制手段，避免因过度使用武力而被追责。最低武力使用必须遵循以制止目标的违规违法行为为限度，一旦目标停止或者失去对抗能力，警察必须停止使用强制手段。这一原则的贯彻执行，不仅是对目标生命健康权的尊重与保护，也是对警察执法权威与公信力的维护与提升。它鼓励警察在执法过程中展现出高超的判断力与执行力，以最小的代价实现最大的正义，让每一次执法行动都能成为法治精神与人权保障的生动实践。

四、武力升级与降温

执法是一个动态过程，警察使用何种强制手段取决于执法对象的反抗程度。如果警察遵循最低武力使用原则，在运用伤害较低的强制手段来制止违法行为时遭到目标强烈反抗，使用当前的手段不足以保证警察及第三方的安全，警察就要果断升级强制手段层级，建立优势；同时，当目标因警察的武力升级而被迫放弃对抗，或者对抗行为得到制止以及失去继续对抗的能力时，警察应该立即停止使用任何形式的武力。例如，目标违纪违法，警察需要将目标带离现场，但遭到目标的强力对抗，警察在使用温和技术带离无效的情况下，使用腕锁压点控制带离，在使用压点控制带离时遭到阻抗，警察可以转换控制位置，使用警组的背心抱腿技术。假设警察在使用腕锁过程中令目标产生剧烈的疼痛感，使其服从警察的指令，警察应该立即解除压点控制，转而采用温和的扶手带离技术。

五、安全性原则

在使用防卫与控制技能过程中，始终要考虑警察自身的安全、目标的相对安全以及第三方的安全。一旦在控制中遭到强力阻抗并存在可能导致警察或者目标受伤的风险时，警察应立刻放弃控制，选择更好的方式进行应对。毕竟，执法不是竞赛，没有输赢之分，只有安全与否之分。防卫与控制技术以温和的带离技术作为优先使用技巧，即无痛和无痕的控制；其次是按压活动神经点位置，使目标产生疼痛而服从，此种压点控制方法通常无伤痕，最大风险也只是肌肉撕裂和瘀伤，不会造成很严重的伤害后果；最后是警组的徒手控制，主要使目标的关节活动受限，从而令关节负担过重进而产生痛楚而选择服从，此种控制方法通常有肌肉撕裂瘀伤，最大风险是肢体骨折。在所有的温和武力均告失效时，人民警察可以选择使用警械，来确保自身的安全。

任务六　《警察防卫与控制》课程的武力—应答模式

传统的监狱人民警察徒手防卫与控制技术教学往往过于专注以控制住目标作为训练目标，而忽略了目标对抗时的心理状态、生理反应、个体大小、格斗技能情况以及对抗中潜在的其他危险等，这也常常导致警察在对抗中伤害事故的发生。为了使警察在执法中能依法、合理、安全、有效地使用防卫与控制技能，不仅要细致分析目标反抗的表现形式，还要在进行任何行动和作出决定前充分作逐步提升的考虑。通过明确地指出每种反抗形式可使用的最大武力，去指引如何有效地去使用合乎程度的强制手段。这也是当前警察在使用强制手段，特别是使用徒手控制技术时，需要关注控制中警察的自身安全，以及如何根据对抗的程度、潜在的危险及时调整控制中的策略。它更加注重如何引导警察将思维、意识、技能三要素复合作用，形成本能的反应，使民警在现实警情面前，能迅速做出准确判断，依法、精准、高效地运用各种控制技能，在保证自身安全的同时，使事态得以控制。

换言之，就是警察使用的武力程度与施予对象有着直接的关系。依据这种理论，我们可以用以下几张简易图表来分别体现武力的使用策略。这就是武力—对抗应答模式。这个模式可以用于教授和指导防卫与控制的使用策略。该模式的简明格式在训练中很有用，可以教给大家何种应答是合适的，这样不仅可以保护警察免受伤害，也可以规避法律纠纷、有效应对舆情。

目标抵抗的六个层级：

我们通常把目标的对抗分为消极对抗、语言对抗、被动对抗、主动对抗、暴力攻击、致命攻击六个层级。

1. 消极对抗。消极对抗如目标消极怠工或者以静坐、躺下等软对抗方式，拒不服从警察让其站好、蹲下或行进等合理的指令。

图 1-1 消极对抗

2. 语言对抗。语言对抗表现为目标不听警察的指令，用语言顶撞警察或者用手指指向警察，辱骂、挑衅、威胁警察，但没有产生肢体接触的行为。

图 1-2　语言对抗

3. 被动对抗。被动对抗表现为警察在实施带离时，目标做出阻挡的动作，或者用力对抗警察的带离或者拒绝离开，对警察的人身安全不构成实质危险，或者威胁较轻的行为。

图 1-3　被动对抗

4. 主动对抗。主动对抗表现为目标对警察进行抓扯衣服，撕抢警号，掀打警帽，抢夺损毁执法装备，拖拽、纠缠、身体碰撞的轻微暴力行为。

图1-4 主动对抗

5. 暴力攻击。暴力攻击表现为目标违反规定冲向警察或者其他工作人员，实施扇耳光、拳打脚踢、持续殴打等暴力方法袭击警察的行为。

图1-5 暴力攻击

6. 致命攻击。致命攻击包括目标从警察和其他工作人员的背后用绳子勒住脖子或者以裸绞的形式试图伤害，或者用剪刀等致命凶器攻击警察和其他工作人员的极端暴力行为。

图 1-6　致命攻击

　　如图 1-7 所示，目标的抵抗在 Y 轴上，从下至上依次为消极对抗、语言对抗、被动对抗、主动对抗、暴力攻击、致命攻击，抵抗程度由弱到强。武力应答模式在 X 轴上，由左向右分别是有效沟通、支援到达，压点控制、徒手带离，徒手带离、徒手控制，应答式控制、催泪喷射器，等等，每一个抵抗形式都会在 X 轴上有相对应的应答模式，应答手段由低到高，逐渐升级。

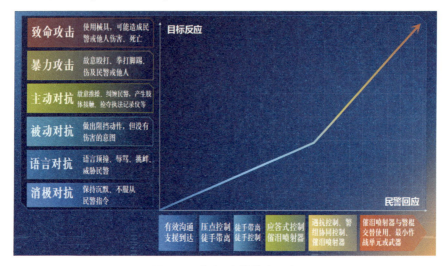

图 1-7　武力-应答模式图表

　　目标消极对抗，警察应该进行有效的沟通与劝告或者请求周边警察进行支援，形成警力优势和警察执法形象权威，迫使目标服从警察的指令。

目标采用语言对抗，辱骂、挑衅警察，警察应该严厉警告，告知相关规定，警告无效，可以请求其他警察支援，形成警力优势，采取压点、徒手带离。

目标以被动对抗的形式拒绝警察的带离，警察在警告无效的情况下，请求支援，实施徒手带离或者徒手控制。

目标采用主动对抗时，经警告无效，警察可以采取应答式控制，若遭到强力对抗或者控制失效，可以采取武力升级，依法合理使用催泪喷射器。

目标徒手攻击警察或者其他工作人员，警察可以合理使用遇抗控制技术与警组协同控制技术，若遭到目标的强力对抗，可能导致民警和第三方的身体伤害，可以提升武力层级，采用催泪喷射器，或者合理使用警棍对目标的大腿进行击打。

目标发起致命攻击，警察在来不及警告的情况下，可以优先使用催泪器与警棍，也可以利用身边的物品进行有效的防御与攻击。

武力—对抗应答模式应遵循以制止目标违规违法行为为限度的原则，一旦目标放弃或者失去抵抗能力，警察应立即停止使用警械或者其他武力。

当然，警察作出应答、选择使用武力时，要特别考虑具体的使用情境。例如，一名身高 185 厘米，体重 90 公斤，曾是职业散打运动员的目标，试图攻击一名身高只有 170 厘米，体重 60 公斤的警察，显而易见，就体格而言，目标占据优势；同时，作为职业散打运动员，该目标更熟悉格斗，因而更具优势。考虑到这些具体差异，该案例中的警察就应该用到此图中指示级别更高的武力来应答，如采取催泪喷射器和警棍交替使用的手段来进行武力应答，从而实现对目标的控制。

任务七   《警察防卫与控制》课程的特点

"加"入法律法规的指引，指明警察在执法中遇到对抗时可以选择和使用哪些技能、什么时候不能用、用到什么程度、需要规避什么风险，趋利避害，依法施技。

"减"少技术数量，为繁杂的防卫与控制技能做一次瘦身。考虑到有限的课时及学生在体能与技能方面的实际学情，在内容与技术的选择上更趋向以岗位任务与需求为导向，去伪存真、去繁存简，务求易学、实用、实效。

放大防卫与控制技能在执法中的安全"乘"积。始终将安全的理念、原则贯穿于教学与训练的全过程，运用合法性原则、武力的升级与降温等原则来指引教学、训练与情景式执法，确保执法程序的安全、警察的人身安全以及目标的相对安全。

消"除"对抗中的伤害风险。传统的防卫与控制技能更多注重竞技性，在技能的形式上侧重强力控制与击打技术，本课程更加关注武力的对称性、安全性与有效性。因此，从最温和的带离技术逐渐提升，在遇到强力阻抗时，转换技术、拉开距离，始终以安全性为指导原则，用技术消除对抗中的伤害风险，确保全过程的安全。

🏷 思政元素

在中国这片古老而又充满活力的土地上，监狱人民警察不仅是身着制服的武装行政力量，更是人民民主专政的坚实柱石，正如《新中国监狱工作五十年》所深刻阐述的那样，"在中国，监狱人民警察是武装性质的国家行政力量，是人民民主专政的工具之一"，他们承载着维护国家安全、社会稳定与公民权利的崇高使命，以法律为剑，以正义为盾，忠诚地履行着依法管理监狱、执行刑事判决、教育改造目标的神圣职责[1]。作为监狱工作的中流砥柱，监狱人民警察不仅是传统职责的坚守者，更是时代变迁的弄潮儿。因此，不仅要致力于固本强基，深化对法律法规的理解与运用，更要积极拥抱科技浪潮，将防卫与控制技能与现代科技手段深度融合，实现技术的蝶变与飞跃，成为推动监狱工作现代化的新质生产力。

在学与思的交织中，不断汲取智慧与力量；在悟与行的统一里，锤炼技能，提升素养。因此，只有不断精进防卫与控制技能，才能使之更加精准、高效、安全，提升监狱管理的效能与水平，从而筑牢监所平安之基的坚固防线，为社会的和谐稳定贡献力量。监狱人民警察用实际行动诠释着对党忠诚、服务人民、执法公正、纪律严明的深刻内涵，为推动中国式现代化进程贡献着自己的智慧与汗水。

 习题

1. 根据相关规定，监狱人民警察防卫与控制技能的使用必须遵循哪几个基本原则？

2. 关于监狱人民警察武力使用的策略，即武力—应答模式中通常把目标的对抗分为哪几个层级？

3. 人民警察制止违法犯罪行为可以采取哪些强制手段？

4. 根据《人民警察使用警械和武器条例》的规定，人民警察使用警械和武器应遵循什么原则？

5.《人民警察使用警械和武器条例》第五条规定："人民警察依法使用警械和武器的行为，受法律保护。人民警察不得违反本条例的规定使用警械和武器。"请简述你对该条规定的理解。

---

[1] 中国监狱工作协会编：《新中国监狱工作五十年（1949.10-2000）》，法律出版社 2019 年版，第305页。

单元二　压点控制技术

知识目标：掌握压点控制的概念、神经触发点的位置以及技术原理。

能力目标：能运用压点控制技术处置目标以静坐、躺下、消极怠工、拒不服从民警指令等软对抗行为。

思政目标：培养学生以人为本的执法理念、法治精神与规则意识，确保武力的使用既符合法律要求，又符合道德标准。培养学生临危不惧的心理素质，强调纪律严明和团队协作，树立警察执法的权威性。

教学重点：下颌骨角神经、舌下神经、眶下神经触发点的识别与施压方法。

教学难点：实施压点控制的安全评估与伤害风险的规避。

案例引导

王某，男，1988年10月出生，因犯盗窃罪被判处有期徒刑三年三个月。自服刑以来，王某改造态度消极，频繁表现出对民警管教措施的不满与抵触情绪。

2023年6月8日，王某以身体不适为由，拒绝参与劳动。面对民警贾某的教育引导，王某非但充耳不闻，反以挑衅性的言辞回应。民警贾某见说服教育无效，遂依法要求王某蹲下以进一步处理，王某则直接一屁股坐在地上，并用手指直指民警大声说道："我今天就是不想参加劳动，要扣分你们随便，反正我也不想减刑。"民警贾某见状，喝令道："我现在命令你，马上站起来跟我去谈话室，否则我将采取强制措施！"然而王某依旧对此置若罔闻，表现出更为恶劣的态度。两名事务犯（即积极认罪悔罪、改造态度良好，经过培训协助管理日常事务的在押人员）试图协助民警将王某扶起来，却遭到王某的强力阻抗。

鉴于王某的极端不配合与潜在危险性，民警贾某在确保安全的前提下，采取了必要的强制措施——经警告无效，贾某从王某身体盲区位置靠近，并尝试运用压点控制技术迫使其站立。在此过程中，王某情绪异常激动，剧烈扭动头部并挣脱束缚，进而采取极端手段，直接抓握贾某右手手腕，并将其手指置于口中撕咬，造成了贾某手指的严重伤害。

本案例深刻揭示了目标在改造过程中可能出现的抗拒心理、暴力抗法行为及其严重后果。王某的行为不仅违反了监规纪律，更是对监管秩序的公然挑战，对民警的人身安全构成了直接威胁。

任务一　压点控制的概念

监狱人民警察在执法过程中会遇到目标以静坐、躺倒在地等软对抗的方式拒不服从民警让其站好、蹲下的指令或者在民警搜身检查、押解、使用约束性警械时，出现摆动、挣脱等肢体动作，对这种拒不配合的非暴力对抗行为，由于目前相关法律法规的规定不够详细具体，针对性和可操作性不强，常常令民警无所适从，而压点控制技术在解决这种低强度的抵抗行为时有一定的效果，也被公认为最为简单和更具低伤害风险的强制手段。

压点控制技术是以生理学、运动医学、生物学、中医穴位学、经络学以及神经学等多学科理论为依据，其核心在于通过精准地运用指关节按压技术，针对目标个体头部周边及四肢的神经敏感点施加压力，诱发疼痛或暂时性麻痹等生理效应，此技术作为一种高效且低伤害的强制手段，促使目标服从民警的指令，终止其抗拒行为。该技术构成了集专业技能、战术策略、法律规范及医学研究成果于一体的综合控制系统基础框架，确保了执法过程的科学性与人道性。

具体而言，压点控制技术的应用场景限定于非暴力性对抗情境。对于表现为无主动攻击性的消极抵抗者，其策略应侧重于引导而非强制，直接令其放弃抗拒行为（如命令其将手置于背后），此过程中强调非对抗性互动，确保目标处于无抵抗状态。然而，当目标个体因紧张情绪升级，即便未直接表现出攻击民警的意图，但其行为的抗拒性质已转变为积极抵抗时，压点控制技术便成为维护执法秩序、确保合法合规控制的重要且适宜的选择。在此情境下，技术的运用必须严格遵循法定程序，确保每一次干预既是对对抗的必要回应，也是对目标个体权益的最小侵害，从而彰显执法活动的公正性与合理性。

任务二　压点控制的技术原理

1. 控制双手：了解压力敏感区域并知道如何使用是非常重要的，但它只是每个民警使用武力"工具箱"中的一个工具，重要的是要知道，并非所有个体均对这些压力点具有相同的敏感度。例如，目标可能因神经敏感度较低、肾上腺素水平急剧升高、肌肉强壮而继续抵抗，甚至可能作出更加猛烈的攻击。因此，在实施压点时，通常建议有同伴辅助控制目标的双手手臂，以规避因为施压而导致目标做出强力攻击的伤害风险。

2. 稳定头部：在实施压点控制前，先要稳定目标的头部，以避免因其头部的摆动或挣扎而无法精准有效地对神经触发点进行按压。与此同时，固定目标的头部也能增加手指施压的效果。例如，民警需按压目标的下颌骨角神经，则必须先稳定其头部，这个过程中会产生压力和反压力，也就是说，如果目标的头部在按压过程中移动，将削弱民警施加压力的效果。

3. 语言控制：在实施压点控制时，语言的警告非常重要。仅仅说"停止抵抗"是不够的，特别是施加了压力时，要让目标知道应该做些什么才能停止疼痛。因此，民警的警告词必须尽可能具体，如说："停止对抗，站起来，马上站起来。"一旦目标遵从指令，民警应马上减轻压力或者停止实施压点控制。

4. 45 度方向施压：在对某一个敏感区域施压时，用力的方向通常是向施压点的 45 度方向按压。这样可令目标的神经点产生剧烈的疼痛，而被迫顺着施力的方向站起来。例如，对眶下神经（鼻下）施压，用力方向则是向目标的后脑枕骨方向。

5. 武力升级与降温：当民警实施压点控制而遭到目标的强力对抗时，民警意识到自身有可能会受到伤害，应快速提升武力层级，实施徒手控制、使用催泪喷射器或者警棍，避免受到严重伤害。而当压点控制产生效果，目标放弃对抗，则民警应该立刻停止此类强制手段。

任务三　头颈部区域神经触发点

头颈部区域神经触发点主要集中在目标的头部和颈部周围的某些压力敏感区域，当触发这些敏感区域时，会引起目标的疼痛、注意力分散。下面介绍人体上的部分关键位置。需要特别强调的是，这些神经触发点只能使用压点控制，禁止使用徒手攻击或者警棍击打。

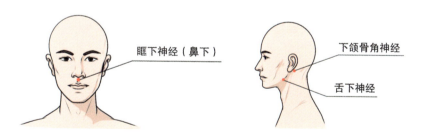

图 2-1　头颈部区域神经触发点

1. 下颌骨角神经：位于下颌骨和耳垂正下方 1 厘米交汇处，下颌骨角神经是混合性神经，其由特殊内脏运动纤维和一般躯体感觉纤维组成，穿卵圆孔出颅，发出耳颞神经及咀嚼肌神经，其运动纤维支配咀嚼肌等；感觉纤维管理颞部、口裂以下的皮肤、舌前 2/3 黏膜及下颌牙和牙龈。

2. 眶下神经（鼻下）：位于鼻子的正下方，嘴唇的正上方。眶下神经是从上颌神经分支而来，是单纯的感觉神经。眶下神经经眶下裂进入眼眶，在眶下沟内沿眶底走行，然后经眶下孔出眶并分支支配眼睑、外鼻、上唇。眶下神经上牙槽分支出感觉支支配上切齿、齿龈。

3. 舌下神经（下颌下）：位于人体头部下颌骨边缘的下方，离下颌骨角约6厘米，颈部淋巴结的位置。舌下神经为运动性脑神经，主要由一般躯体运动纤维组成。该神经由延髓的舌下神经核发出后，以若干根丝自延髓前外侧沟出脑，向内侧经舌下神经管出颅，继而在颈内动、静脉之间弓形向下走行，达舌骨舌肌浅面，在舌下神经和下颌下腺管下方穿颏舌肌入舌内，支配全部舌内肌和大部舌外肌。

任务四　头颈部神经触发点的压制

一、下颌骨角神经触发点的压制

1. 目标静坐，拒不服从民警让其起立等指令，民警在劝告、警告无效的情况下，试图将他从地上扶起，遭到目标的抵抗。

图2-2　双手稳定

2. 目标盲区的民警接近并用双脚膝盖抵住目标背部，双手搭于其肩膀上侧，避免其向后倒地，再次指令他听从指令，否则将使用压点控制。

图2-3　后背固定

3. 目标不听指令, 盲区民警于目标盲区下蹲, 左手掌托住目标的下巴, 前臂贴住其耳朵, 肩膀前侧抵住其后脑、头盖骨位置。右手前臂抵住目标右侧耳廓, 手掌盖住其前额, 固定其头部。

图2-4　头部稳定

4. 在实施压点前, 民警将自己的左侧脸颊贴住目标的头部右侧, 与左手共同形成固定, 避免其头部转动。

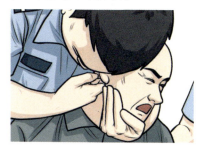

图2-5　下颌骨角神经压制

5. 用右手食指第二指关节, 在目标耳垂后面1厘米处的下颌骨部施加压力，压力应朝目标的右眼方向，施压力度视目标的反应为限度。

图 2-6　顺势携臂

6. 当目标下颌骨角神经受到施压的同时，两边的民警应协助施压民警将目标的双臂向上扶起，一旦目标站起来，施压民警应松开施压手。

图 2-7　携臂带离

 易犯错误

1. 施压民警未能对目标的头部进行有效固定，导致无法实施精确压点。

2. 施压民警的左手掌离目标的嘴巴过近或者封住目标的嘴巴，容易遭其撕咬。

3. 在实施压点控制的时候，左手勒住目标的颈部，容易导致目标在强烈对抗的时候产生窒息或者喉咙软骨碎裂的伤害。

4. 当目标做强力挣脱并可能伤害民警时，民警未能快速拉开距离并进行武力升级。

二、目标自残的下颌骨角神经触发点压制

1. 目标躺倒在地，拒绝民警令其站立的指令，在民警试图带离时，目标试图用后脑勺撞击地面进行自残。

图 2-8　倒地自残

2. 左右两侧民警快速固定目标的双手手臂，目标头前侧的民警下蹲，将目标的头部转向其左侧，左手掌按压其太阳穴，右手按压其枕骨。

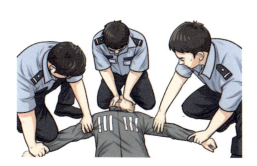

图 2-9　稳定头部

3. 施压民警左手掌继续按压目标太阳穴位置，右手用大拇指第一指节指腹向目标左眼方向按压。

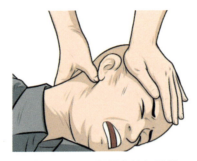

图 2-10　下颌骨角神经压制

4. 目标因为疼痛而放弃抵抗，后方民警解除压点控制，将其向前推起，成坐立状态，两侧民警固定其双手，准备将其扶起、带离。

图 2-11　坐立稳固

三、眶下神经（鼻下）触发点的压制

1. 目标以静坐方式对抗民警，经劝告、警告无效，三位民警从其侧面和盲区位置接近并固定其左右手和其背部。

图 2-12　坐立稳固

2. 与下颌骨角神经的控制一样，民警用双手固定目标的头部，迫使他无法转动头部。两侧的民警固定其双手，避免在民警压点时目标突然发起攻击。

图 2-13　头部稳定

3. 固定后，民警用食指第二指节外侧抵住目标的眶下神经（鼻下），向目标的后脑勺方向推按。

图 2-14　眶下神经压制

4. 如果目标因为疼痛而听从民警的指令，民警应立刻减轻施压的力量或者停止继续施压。目标站立以后，对其实施带离。

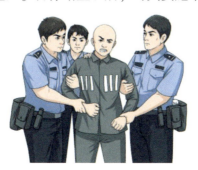

图 2-15　携臂带离

1. 两侧民警对目标的手臂控制不稳定，导致民警施压时目标容易挣脱双手，撕咬施压民警手指或者直接攻击民警。

2. 食指施压时，朝鼻骨方向或者朝人中位置施压，容易导致目标流鼻血或者上嘴唇内侧破裂。

3. 对眶下神经按压时，民警未能用胸口抵住目标后脑，固定点失效，目标头部后仰，导致减弱按压的力量与效果。

四、舌下神经（下颌下）触发点的压制

1. 目标坐在凳子上实施软对抗，不肯起身站立，两侧民警固定其双手后，盲区民警试图进行压点控制，但目标身体前倾，不让民警固定其头部。

图 2-16　稳定与接近

2. 两侧民警后侧手经目标肘窝插入并钩住其前臂，前侧手按压住目标的膝关节，避免其用脚蹬踹施压民警。

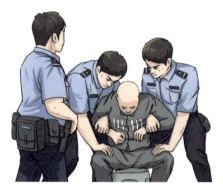

图 2-17 四肢稳固

3. 后方施压民警移动至目标前方，以右手圈住目标的颈部，实施固定。

图 2-18 颈部稳固

4. 左手食指、中指成钩状，指尖抵住目标舌下神经，向自己身体方向施压。两侧民警向上提拉目标的双手，令他快速站立起来。

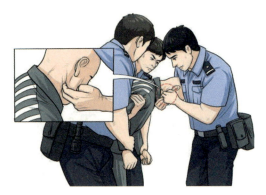

图 2-19 "勾鱼鳃"式压制

易犯错误

1. 施压民警接近目标时，两侧民警未能对其双手手臂与腿部进行有效的控制和稳定，容易导致施压民警受到目标的蹬踹。

2. 民警在实施舌下神经压点控制时，右手未能固定目标的头部，一定程度上减弱了左手压点控制的效果。

3. 当目标因为疼痛而站立后，施压民警未能及时退出，容易遭到目标的膝盖撞击或者踢击。

任务五 肌肉神经丛的触发点

臂丛神经由颈 C5-8 颈神经前支及胸 T1 神经前支部分的纤维交织汇集而成，经斜角肌间隙穿出，位于锁骨下动脉的后上方，继而在锁骨后方进入腋窝。进入腋窝之前，神经丛与锁骨下动脉关系密切，位于该动脉的后上方。臂丛神经主要有肌皮神经、正中神经、尺神经、桡神经，这些神经分别支配着肱二头肌、三头肌、腕伸、屈肌等。这些神经肌肉丛可以允许徒手按压、击打或者使用警棍击打。

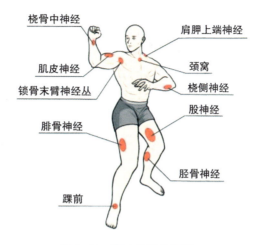

图 2-20　肌肉神经丛图示

1. 肌皮神经——肱二头肌：位于上臂前侧，肱骨上并有长短两个头，故称为二头肌。其长头起于肩胛骨，短头起于 X 突，止于桡骨粗隆。可令肘关节屈伸，其支配的神经为肌皮神经。肌皮神经是臂丛神经的其中一条，出自颈椎第 5-7 节。

2. 桡神经——肱三头肌：位于上臂后方，肱骨上并有三个头，故称肱三头肌。长头附着在肩胛骨上，外侧和内侧两个头在肱骨上。其功能是令肘关节伸展，支配神经为桡神经。桡神经是臂丛神经的其中一条，出自颈椎第 5-7 节及胸椎第 1 节。

3. 正中神经——桡侧腕屈肌和掌长肌：位于前臂前方，起于肱骨内上髁，止于桡骨茎突掌腱膜及掌指骨。其功能为腕屈曲及前臂内旋，支配神经为正中神经。正中神经是臂丛神经的其中一条，出自颈椎第 5-7 节及胸椎第 1 节。

4. 股神经——股四头肌、缝匠肌：股神经位于股动脉内侧，在股三角内、阔筋膜深面和髂筋膜的上面，髂筋膜将股神经与股动脉、静脉隔开。股神经是由多束支配肌肉运动和皮肤感觉的神经束组成。其中关节支支配髋关节和膝关节，皮支分布在大腿前侧和小腿内侧，运动支支配髂肌、耻骨肌、缝匠肌、股四头肌。

任务六　肌肉神经丛的跪压技术

压点控制的另一种模式称为跪压控制，跪压控制是通过用小腿胫骨、膝关节跪压目标的大肌肉神经丛，如桡神经、股神经等，迫使目标无法转动、挣扎和攻击民警。

一、肌皮神经触发点的控制——肱二头肌的跪压

目标仰卧在地上，手臂向两侧伸直，手背贴地，掌心朝上。民警跪压目标的肱二头肌，双手分别控制目标的手腕与躯干，避免其脱离控制，攻击民警。

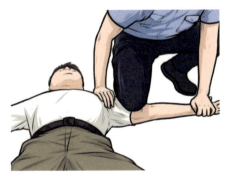

图 2-21　肌皮神经跪压

📝 易犯错误

1. 跪压时，民警的右手离目标的头部过近，容易遭到目标的撕咬。
2. 未能考虑到目标的个体情况，过度使用跪压，导致目标受伤。

二、桡神经触发点的控制——肱三头肌的跪压

目标俯卧在地上，手臂朝两侧伸直、贴地，掌心朝下。民警跪压目标的肱三头肌，双手分别控制其手腕与肘关节，避免其脱离控制，攻击民警。

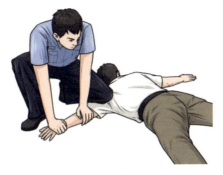

图 2-22　桡神经跪压

📝 **易犯错误**

1. 民警用膝关节跪压目标的肘关节，容易导致其肘关节的损伤。

2. 民警跪压目标的肩关节，无法有效实施压制，容易被目标挣脱。

三、正中神经触发点的控制——桡侧腕屈肌和掌长肌的跪压

目标仰卧在地上，手臂两侧伸直，手背贴地，掌心朝上。民警跪压目标的前臂中段，双手分别控制其手腕与肩关节，避免其脱离控制，攻击民警。

图 2-23　正中神经跪压

📝 **易犯错误**

1. 民警跪压目标的腕关节时，容易导致目标腕关节受伤或者强力

挣脱。

2. 民警跪压时，目标掌心朝下，尺骨和桡骨交叉，容易造成前臂骨折。

四、肱三头肌附着皮脂挤压

1. 目标消极怠工，民警在警告无效的情况下，试图实施带离，但遭到目标的对抗。民警无法使用压点控制进行带离。

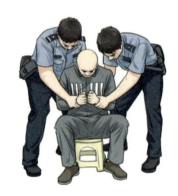

图 2-24　双臂固定

2. 民警使用前侧手抓握目标的双手手腕，后侧手抓住目标的肱三头肌后侧皮脂并用力捏压，捏压时向前向上提拉，迫使目标快速从凳子上站立。

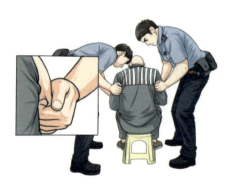

图 2-25　皮脂捏压

3. 目标从凳子上站立以后，民警应立刻减轻或者停止皮脂捏压，后侧手从目标上臂内侧穿入，固定其左右手，实施带离。

图 2-26 携臂带离

📝 易犯错误

1. 在实施肱三头肌皮脂捏压时，民警未能对目标的双手手腕进行固定，容易遭到目标的攻击。

2. 四指捏压时，过度用力或者手指指甲过长，导致目标的皮肤产生淤青或者破损。

五、股神经触发点的控制——大腿正面股神经的跪压

1. 民警准备用托臂或腕锁技术带离目标，遭到目标的强力阻抗。目标以静坐的方式，拒不服从民警令其站立的指令，民警在使用压点控制后，无法有效实施带离。

图 2-27 坐立固定

2. 民警继续控制和稳定目标的双手，左侧民警用膝盖跪压目标的

大腿正面（股神经）并用语言警告令其放弃抵抗。

图 2-28　股神经跪压

3. 一旦目标股神经受到跪压产生剧烈疼痛而放弃抵抗，民警应立刻停止跪压，将目标从地面扶起，实施带离。

图 2-29　携臂带离

易犯错误

1. 民警跪压目标的膝关节，容易导致目标膝盖损伤。

2. 跪压腹股沟位置，无法形成有效压制，容易遭到目标更强烈的反抗。

思政元素

监狱工作新质战斗力的特点是创新，关键在质优，本质是核心战斗力。监狱人民警察作为人民警察的警种之一，在维护社会稳定、促进社会和谐方面发挥着不可替代的作用。警察防卫与控制技术作为监狱人民警察专业技能战斗力生成的核心要素之一，也必须突破传统思维、打破现实束缚，形成立足监狱工作实际、符合队伍现状的新质战力，以确保监狱的安全稳定，推动监狱工作的全面提档升级。

作为监狱工作的主体，监狱人民警察既是管理者又是执法者，需要具备专业的职业素养和执法能力。监狱人民警察在执法过程中，不仅要严格遵循法定的程序，时刻关注目标的感受和权益，还应注重自身的情绪管理，强调团队合作和协作能力，始终牢记为人民服务的宗旨，尽量采用温和、文明的方式进行执法。只有在执行任务时把尊重和保护公民的基本权利，如生命权、健康权和人格尊严等放在与合法性同等的高度，才能保证权力不被滥用，才能有效避免过度使用武力等情况发生。这体现了警察对目标的人文关怀和尊重，有助于提升执法效果。

在不得不使用武力的情况下，在武力使用过程中，监狱人民警察也需要准确判断形势，选择最低级别的武力强制措施进行控制，从某种程度上来说，最低武力使用原则也体现了警察对职责的认真履行和对后果的勇于担当。从发展的眼光看，国外国内都已经积累了很多关于警察低伤害武力使用的先进理念和实践经验，在应对复杂社会问题中也有很多成功的实战应用。以压点控制为代表的警察低伤害武力使用所遵循的就是警察执法中的最低武力使用原则，其涵盖了法治精神与尊重人权、职业素养与责任担当、人文关怀与服务意识以及纪律严明与自我约束等多个方面。这些要素共同构成了警察在执法过程中应遵循的基本原则和价值导向。

习题

1. 压点控制适用于哪几种对抗情形？
2. 压点控制的技术原理分别有哪些？

3. 下颌骨角神经触发点控制的技术要领是什么？

4. 舌下神经触发点控制的常见错误有哪些？

5. 股神经触发点控制的常见错误有哪些？

单元三 单警应答式徒手控制

学习目标

知识目标：掌握应答式武力控制的原则、特点，心理戒备的四种预警颜色。

能力目标：能根据目标的推搡、撕扯等轻微暴力对抗行为做出合理的防御与控制；塑造高压环境下的应变能力。

思政目标：培养学生维护监管安全、社会稳定的使命感与责任感，崇尚公平公正的执法精神，遵循监狱人民警察职业道德规范，确保执法行动的规范性与专业性。

教学重点：由拖臂控制技术转入腕锁、背心控制与摔投技术。

教学难点：直臂三点控制、腕锁技术、背心技术的颈部锁控。

案例引导

李某，男，江苏镇江人，因犯盗窃罪被判处有期徒刑五年，余刑二年六个月。该犯系监区级行凶危险犯，2023 年因琐事纠纷，殴打其他服刑人员未能呈报减刑后，该犯开始表现出消极改造情绪，多次无故不完成劳动任务。5 月 15 日 9 时许，李某在劳动现场离开自己的工位与其他服刑人员闲聊，现场执勤民警指出其错误并要求该犯返回自己工位，该犯拒不服从指令。民警在语言警告无效后，试图将该犯带离，李某挥手阻挡，并开始做出推搡、辱骂、手指指向民警面部等挑衅行为，民警迅速拉开距离，在呼叫增援的同时对李某再次进行语言警告，李某置若罔闻，双手继续对民警进行推搡，民警使用拖臂、背心技术快速将李某控制在地面。随后，为保证自身安全，民警同时命令现场其他犯人蹲下，直到支援民警抵达现场，将李某带离。

从这个案例中不难看出，监狱民警在遇到目标推搡、辱骂、手指指向民警等挑衅行为时，如果能保持沉着冷静，始终与目标保持安全距离、施加语言警告、遵循最低武力使用，即对目标造成最低伤害的应答式控制技术，就能够依法、安全、合理、有效地控制目标，并对现场其他目标形成武力威慑，体现了监狱人民警察现场执法的专业性、规范性和人本性。

任务一　单警应答式徒手控制的概念

　　监狱人民警察在履行职责时所采用的应答式武力控制技术，与公安机关执行抓捕任务时所采用的技术存在显著差异。具体而言，首先，公安抓捕技术旨在主动出击，以迅速制伏违法犯罪分子为目标；而监狱人民警察的应答式武力控制，则是在日常监管过程中，针对突发性的违规违法行为所采取的即时、有效的武力应对措施，其性质更倾向于一种反应式的、防御性的武力行动，类似于公安民警在治安巡逻中即时制止突发纠纷与冲突的行为模式。其次，监狱人民警察面对的执法对象均为在押人员，这些人员处于监禁、教育与管理之下。因此，相较于公安民警面对的不确定且可能高度危险的违法犯罪嫌疑人，监狱民警对在押人员的个人背景、心理状态及潜在危险性有着更为深入和具体的了解，这为实施精准、适度的武力控制提供了重要依据。最后，从获取攻击性武器的角度看，监狱内的严格管控措施极大地限制了在押人员接触危险或致命性凶器的机会，从而降低了武力冲突中极端暴力事件的风险。此外，监狱内的大多数违规违法行为往往源于情绪宣泄或诉求表达，其暴力程度相对较低，表现为不服从管理、言语冲突、挑衅行为、擅自越界、徒手攻击等非致命性手段。鉴于此，监狱人民警察在遵循最低武力使用原则的前提下，更倾向于首先通过劝告和警告来平息事态。若这些非武力手段无效，则会采取适度的徒手武力控制措施，旨在迅速而有效地制止违规违法行为，防止事态升级，同时确保手段的合法性、合理性、安全性、有效性。

单警应答式徒手控制机制在监狱管理实践中发挥着至关重要的作用，尤其是在面对目标实施推搡、撕扯，以及用手指指向民警鼻尖进行辱骂等挑衅性的轻微暴力行为时，其运用更显其必要性。在此类情境下，监狱人民警察首先会采取口头劝告与正式警告的方式，力求通过非武力手段平息事态，恢复秩序。然而，若这些初步措施未能奏效，民警则需依据严格的武力使用规范与指引，采取进一步行动。此时，民警会审慎选择并实施一系列较为温和但有效的控制技术，如格挡、拖臂等，这些手段旨在暂时性地控制并压制目标的行为，防止其行为进一步升级或造成更严重的危害。这些技术的运用，不仅体现了民警在执法过程中的专业判断与精准施策，也确保了控制手段与违规违法行为的性质、程度相称，遵循了最低武力使用原则，更是科学执法的生动写照。

任务二　单警应答式徒手控制技术原理

一、"四柱"原理

人体的运动离不开推拉、旋转、移动与蹲起这四个要素，我们把这四个要素称之为运动的"四柱"。所有的控制技术运用也离不开这"四柱"。例如，拖臂技术先以左手向外阻挡推搡之力（推），同时右手抓握目标对象肱三头肌向右后方拉拽（拉），通过快速的身体旋转迫使目标对象失去重心（移动），再利用身体向下压的技术将其带入地面（蹲下）。

二、"三点"原理

在控制目标对象关节时，一定要找到施力点、支点与固定点。施力点即发力点，支点是目标对象的关节位置，通过施力点改变关节的活动度，固定点是用来固定远侧端，固定点不稳定，支点的力量就会被代偿，关节压力变小，疼痛感变弱，就无法实施有效的控制。

三、隐藏原理

当民警在对目标实施控制的时候，其双手就已经被禁锢在目标的一只手上或者身体的某一个部位，而目标的另一只手一定是自由的，亦可以随时发起攻击。因此，实施控制时，一定要将自己的头部置于安全的位置，这个位置通常在目标的盲区。

四、转换原理

目标的对抗不是静止的、一成不变的，而是动态的、随时变化的，同时目标也因身高、体重、暴力程度等因素存在个体差异性。因此，民警在遭到目标对抗时，要改变阻力的方向、转换控制的位置以及转移目标的注意力等，才能有效地实施控制。

五、升级与降温原理

在整个控制过程中，任何一个环节一旦遭到目标的强力对抗，民警感知无法实施控制或者会遭到攻击时，就要快速推开或者与目标保持安全距离，武力升级，确保自身安全。

任务三　单警应答式徒手控制的戒备姿势

由于民警在执法中面临的危险程度不同，所采取的戒备状态也不一样。戒备是由内而外生发的，先有心理戒备，才会有行为戒备，且两者是密不可分的。从生理学的角度讲，人在紧张状态下，心脏会把血液供应到最强的肌群中，从而使反应能力、爆发力、抗击打能力等瞬间增强。根据目标的行为与对抗程度，我们将应答式武力控制的戒备状态由低到高设为：谈话式戒备、胸前戒备、降温式戒备、扶械戒备。面对的威胁越大，戒备等级就越高。四种戒备姿势是随周围的环境以及危险的等级而不断变化的，有时是逐级上升的，有时也会从谈话式戒备直接提升到扶械戒备，等级越高，调动身体潜能越充分。

一、谈话式戒备

谈话式戒备，是民警在与目标进行日常交流、谈话等过程中最常见的自然姿势，大多民警基本处于放松、毫无察觉、完全无戒备的状态。甚至可以说，有95%的人在95%的时间里都处于这种状态，自己的警惕完全被"关闭"，一旦目标发起攻击，民警很容易遭受击打。

动作要领：

当民警与目标谈话、做记录时，自然站立，两脚与肩膀同宽，平行站立，重心在两脚之间，两手自然下垂或是拿着记录表在记录，与目标保持至少1.5米的距离，眼睛始终注视着目标。此时的心理戒备状态："今天我需要保护自己。"尽管民警时刻警惕着某种意外的发生，但不希望坏事情真的发生。

图3-1　谈话式记录戒备　　　　　图3-2　谈话式搭手戒备

二、胸前戒备

胸前戒备是一种比较温和的防御式戒备，它不会有令人迅速进入对抗状态的效果。在心理上胸前戒备处于一种评估阶段，其间，民警根据目标的行为开始作出判断和决定，体内肾上腺素开始分泌。民警的思维模式是："如果事态继续发展，我会直接面对还是离开？结果会如何？我将怎么处理？"

图 3-3　胸前戒备

动作要领：

两脚前后站立，脚尖正对目标，重心置于两脚之间，两膝微屈，收腹含胸，身体稍前倾，双臂贴住两肋，以肘关节为轴，前臂自然抬起，指尖在下颌高度，两掌心朝向目标，手指并拢，五指稍弯曲，注视目标，保持警惕。

三、降温式戒备

降温式戒备常用于目标情绪比较激动，并伴随双手挥舞的情形。民警运用降温式的方法，配合语言控制，促使目标保持冷静。同时，降温式戒备也是一种临战姿势，能使身体各部位调控至最佳进攻状态与防守状态，从而使身体的要害部位得到有效的保护。

图 3-4　降温式戒备

动作要领：

前后脚站立，两脚宽度为一肩，前脚尖正对目标，右脚尖向外 45 度，脚后跟微微离地，膝关节稍内扣，两膝微屈，重心置于两脚之间，保持身体平衡。躯干与前脚尖方向一致，收腹含胸，右臂紧贴肋部，前臂自然抬起，一前一后，掌心朝向目标对象，整个身体处于比较舒适的状态，注视目标，保持警惕。

四、扶械戒备

扶械戒备是武力戒备层级相对较高的一种戒备姿势，通常当民警评估到目标有攻击民警的意图时，冲突一触即发，民警则迅速拉开距离，手扶警械，语言警告，以威慑目标，迫使其主动放弃进攻的一种戒备姿势。

图 3-5　扶械戒备

动作要领：

民警先采取降温式戒备，但目标并不听劝阻，反而试图靠近甚至攻击民警，民警应当始终与其保持安全距离，同时，右手回撤，并试着去取出腰间的催泪喷射器或是警棍，准备武力升级，在取警械的过程中，始终用语言控制目标。

任务四　单警应答式徒手控制及技术转换

传统的徒手控制技术往往容易陷入一种狭隘的训练视角，即单纯追求对目标的物理控制，忽略了在真实对抗场景中至关重要的多维因素，包括但不限于：目标的心理状态波动、目标的生理应激反应、目标的个体差异（包括体型与力量）、目标潜在的格斗技能水平，以及对抗过程中可能突发的其他安全隐患。这种忽视导致许多民警在实际应对中遭受了不必要的伤害，暴露了传统训练方法的局限性。相比之下，单警应答式武力控制理念则实现了质的飞跃。它不仅将民警的自身安全置于首要位置，更强调在复杂多变的对抗环境中，根据冲突的激烈程度、潜在威胁作出即时评估，灵活调整控制策略，展现出高度的适应性与智慧。这一理念的核心，在于引导民警将思维判断、危机意识与专业技能深度融合，形成一种近乎本能的、无缝衔接的反应模式。

在单警应答式武力控制的框架下，民警被训练成为能够迅速洞察现场态势、精准分析对抗特征的决策者与执行者。他们能够在瞬息万变的现实挑战面前，依据法律法规和客观事实的发生发展脉络，运用最为简洁、直接且高效的控制手段，维护自身安全，遏制事态的进一步恶化。这种控制方法不仅体现了对法律的敬畏与尊重，更彰显了监狱人民警察在复杂执法环境中的专业素养与人文关怀。

因此，单警应答式武力控制不仅是技术层面的革新，更是执法理念与策略的深刻变革，它为监狱管理工作注入了新的活力与智慧，为培养新时代新质生产力提供了动力，推动了监狱执法工作的现代化进程。

一、拖臂转入三点控制技术

拖臂转入三点控制技术是整个徒手控制的基础技术，尽管在现实的监狱执法中不会经常用到该技术，但它却是所有技术的逻辑起点和切入点，正如一个幼儿总是先从爬行开始练习，再到直立行走，最后到跑、跳等各种更加复杂的活动。鉴于警械在武力对抗中可能引发的伤害风险，以及遵从最低武力使用原则，拖臂转入三点控制技术在轻微暴力对抗的情境中，无疑是最优选择。

1. 目标用右手手指指向民警辱骂、推搡民警，民警拉开距离，保持胸前戒备，并警告其不要靠近。

图 3-6　胸前戒备

2. 民警在劝告、警告无效的情况下，身体略微左转，带动左手由内向外推挡目标的手腕内侧，使其手臂偏离中线。

图 3-7　外侧推挡

3. 民警左手推挡后向下压制其手腕，右手由目标上臂下侧穿过抓握其三头肌位置，此时身体侧对目标躯干。

图 3-8　压腕抓臂

4. 左手顺势将目标手腕向自己身体右后方推送，右手抓握其上臂向自己右后方拉拽。拉拽时，右手肘关节要贴紧自己的肋骨。

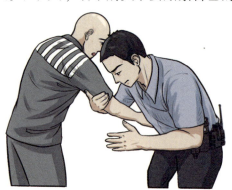

图 3-9　拽肘拖臂

5. 右手拉拽的同时左脚向目标的身体左侧后方移动，身体躯干紧紧贴在目标右侧背部。

图 3-10　移步贴靠

6. 右手将目标的手臂固定在自己的胸前，左手快速从目标的腋下穿入，用手臂圈抱其上臂，身体在目标的侧后方。

图 3-11　圈臂固定

7. 右手顺势滑落至目标的手腕，右脚向右后方撤一大步，带动身体形成顺时针旋转之势，破坏目标的身体重心，转移其注意力。

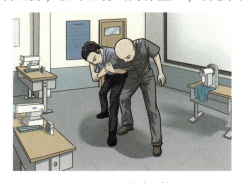

图 3-12　控臂旋转

8. 目标因为身体重心的破坏而减弱右手的对抗之力时，民警应快速形成三点控制，左手屈肘将其上臂固定，胸廓抵住其肘关节，右手抓握其手腕后拉。

图 3-13　三点控制

9. 民警双腿开立并半蹲，躯干几乎与地面平行，双手后拉，胸廓向前压迫目标肘关节，迫使其肘关节因活动受限而产生持续的疼痛，从而使其身体无法产生对抗。

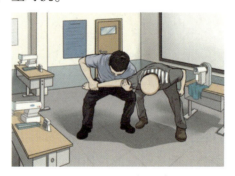

图 3-14　屈身压肘

📝 **易犯错误**

1. 在目标的右手接触到自己的胸口时才去阻挡，导致自己重心失衡而无法完成该动作。

2. 左手抓握目标右手腕向右下方推送时，没有及时将左手从抓握中解放出来，导致无法实施下一个控制动作。

3. 右手在拖臂的时候，身体没有向后屈髋，导致目标的右手会触碰到自己的身体，无法完成手臂的转移。

4. 目标手臂被控制后，民警没有进行撤步旋转来破坏目标的身体平衡，导致目标会一直将注意力集中在手臂的对抗上，民警就无法进行有效的控制。

5. 右手抓握目标手腕时，没有顺时针旋转其手腕，使其手臂肱二头肌可参与发力，导致目标手腕很容易从民警的虎口处挣脱。

6. 民警用身体去压制目标的肩关节，且双腿前后开立，容易导致自己身体的失衡。

7. 三点压制后，胸廓没有向前压迫目标肘关节，无法形成有力的控制，很容易被目标挣脱。

二、由三点控制转入跪压控制

如果在目标实施推搡的过程中民警使用了拖臂转入三点控制，令目标的肘关节产生剧烈的疼痛而服从民警的指令或者放弃对抗，民警则应停止使用更高层级的武力手段。但在实施三点控制中，目标试图挣脱民警对其肘关节的压制，民警则可以对目标的肘关节进一步施压并通过身体重心的变化，迫使目标必须通过向前跪地、俯卧倒地的方式来代偿肘关节的压力，从而达到最终的地面控制。

1. 目标右手推搡民警，民警右手由左向右推挡目标的尺桡关节，犹如汽车的雨刮器。

图3-15 "雨刮器"式防御

2. 右手顺势向右下方按压目标右手腕的同时，左脚上步，身体贴近目标的身体左侧，左手从其上臂下侧插入，肘关节夹住其上臂。

图 3-16 抓腕夹臂

3. 双手固定目标右手的瞬间，右脚迅速向右后方撤步，带动身体向右后方旋转，迫使目标身体失衡。

图 3-17 控臂旋转

4. 右手抓腕继续向上提拉，左手尺骨压制目标肱三头肌远侧端并向右下方继续施压，同时主动降低自己身体的重心。

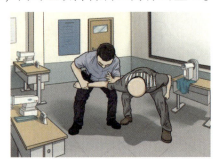

图 3-18 抓腕压肘

5. 在移动过程中，民警不断降低自己的重心，双手持续向目标右侧肩膀45度方向下压其肘关节，迫使目标因肘关节疼痛而跪地，进而俯卧。

图 3-19　压肘侧移

6. 目标俯卧时，民警集身体的重量于双手，来压制目标肘腕关节，迫使其无法挣脱。

图 3-20　地面肘腕压制

7. 迅速用左膝压制目标肱三头肌，视目标的手臂粗细程度来控制膝盖对其的压力，避免目标受伤。

图 3-21　三头肌跪压

✒️ 易犯错误

1. 右手推挡、左脚上步、左手圈抱动作不连贯，无法有效实施三点控制。

2. 实施手臂三点控制时，右脚没有及时后撤带动身体旋转，无法有效对目标的肘关节实施压制。

3. 对目标手臂实施三点控制后，左手尺骨接替胸廓压制时，胸廓离开目标手臂过早，使其手臂迅速屈肘对抗挣脱。

4. 将目标带入地面时，双手虽然协同用力，但身体重心没有及时降低，导致目标主动倒地，关节压制失效。

5. 将目标带入地面时，民警未将其手臂向右前方拖拽压制，而是用尺骨压迫目标肩关节，导致目标挣脱。

三、由三点控制转入腕锁控制

民警对目标的手臂实施三点控制时，目标必须通过屈肘的方式来对抗与减轻肘关节的压力从而实施挣脱，这便符合了应答式控制中最核心的技术原理——转换原理，即在施力方向、动作模式与注意力等方面进行转换。那么，腕锁技术就是在三点控制遭到对抗时的一种最优选择。腕锁技术并非一种简单的控制技术，它来源于警棍对肢体的压制技术，基于精密的杠杆原理所巧妙演化而成的一种高效压点技术。

1. 从直臂控制开始，目标向自己身体方向屈肘以对抗民警对其肘关节的压制。

图 3-22 三点控制

2. 民警左手固定目标上臂，右手抓腕顺势向其屈肘的方向推送，同时，身体顺势转向目标身体侧面。

图 3-23 屈肘对抗

3. 当民警将目标右手推送到其腹部时，打开右手掌，掌心按压其手腕，顺时针旋转手掌，改变抓握的方式。

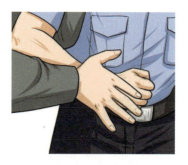

图 3-24　推腕旋掌

4. 民警左手握拳，快速经自己右手尺骨下侧伸出，拳心朝上，以尺骨压制目标的桡侧神经。

图 3-25　腕锁控制

5. 双手屈肘回收，将目标肘关节抵于自己的腹部，形成固定，右手抓腕上提的同时左手肘关节下压形成翘杆之势。

图 3-26　腕锁压制

6. 民警身体胸廓紧紧贴住目标的背部，右侧脸紧贴目标的颈椎，将自己的头部隐藏于目标的背部，双手合力向上抬，压制目标的桡侧神经，形成上下挤压之力，令目标依次跪地、俯卧。

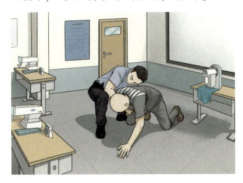

图 3-27　腕锁俯身压制

7. 民警将目标右手推向其背部，快速使用双膝跪压固定目标的右臂与身体，令其无法挣脱。

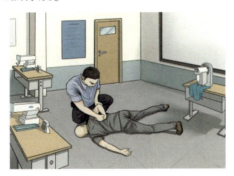

图 3-28　跪压控制

易犯错误

1. 目标右臂屈肘时，民警试图将其手臂强硬拉直，很容易遭到目标对侧手的攻击。

2. 目标向自己腹部快速屈肘时，民警右手掌未顺时针旋转抓握，当左手插入右手尺骨下侧使用翘杆时，右手无法抓握目标手腕。

3. 未将目标肘关节紧贴民警的腹部，容易遭到目标的肘击，同时，双手对桡侧神经的压力就会大大减弱。

4. 右手未向上提拉，左手肘关节未向下按压，未形成剪切的撬杆作用，民警手臂尺骨没有对目标的桡侧神经产生压力。

5. 民警的躯干和头部没有压制目标的背部，容易使目标向上伸展躯干，重心上移，导致腕锁无法形成压力，同时容易遭到目标的对侧手攻击。

四、由腕锁转入背心控制

腕锁转入背心技术主要是从对目标手臂的控制转移至对目标身体平衡的破坏，通过快速地绕到目标的盲区，使其无法迅速调整身体重心，从而占据优势位置，方便实施下一步的控制。

1. 当目标的右手受到腕锁压制时，其本能地以左手抓握自己的右手腕并向外侧推开前臂以减轻桡侧神经被压制的疼痛感，同时身体会向上以对抗民警躯干的压制。

图 3-29　腕锁受阻

2. 当目标肘关节打开之际，民警迅速将左手抽出，去抓握目标左侧腰部位置的衣服或者裤腰带位置。右手继续抓握目标的手腕，并紧紧贴住目标的腹部。

图 3-30　腰侧固定

3．左手向右侧拽拉裤腰的同时，身体借力向左侧移动，使自己的身体前侧紧贴目标背部。

图 3-31　拽拉侧移

4．当民警移到目标身体后方时，右手桡骨抵住其颈部前侧并后拉，左手抓握裤腰位置前推，双手形成推拉之势，破坏目标的身体重心。

图 3-32　前推后拉

5．左手从目标的左腋下穿入，与右手在左肩前侧合握，左手握拳，右手抓握左手拳背，双手肘关节向后收紧，使其背部紧紧贴于自己的躯干，右手桡骨压制目标右侧颈动脉。

图 3-33　背心锁控

6. 民警快速向后方移动，使自己的下肢远离目标的双腿，加大目标身体的倾斜度，令其身体完全失去重心。

图 3-34　撤步下压

7. 双手垂直向下按压目标的躯干，令目标臀部快速着地。目标臀部着地后，民警屈膝下蹲，胸口紧贴目标的背部，双手肘关节向后收紧，固定目标。

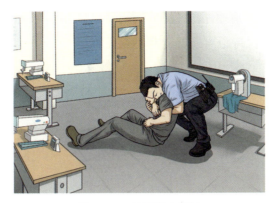

图 3-35　地面背心锁控

易犯错误

1. 左手未能抓握目标的左侧腰带或腰侧衣服，无法快速绕到目标身体后侧，容易被目标抢到有利位置，令自己陷入被动。

2. 右手回拉和左手前推的动作没有协同，无法快速使目标身体失去平衡，导致在使用背心技术时，容易被挣脱，甚至会被目标使用"背包"技术摔出去。

3. 使用背心技术时，双手交汇合握的位置在胸腹部，双肘没有收紧，未能对其颈部施压，容易被目标挣脱。

4. 破坏目标身体平衡后，民警双脚未快速向后移动，导致目标顺势后退，快速恢复身体重心，无法有效将其拖向地面。

5. 目标倒地后，民警没有下蹲，双腿没有抵住目标的背部，容易使目标后脑着地，同时容易导致其在地面挣脱。

五、由拖臂转入背心，由背心转入背心摔

并非所有的技术都必须是按照前面所述的顺序环环推进，可以根据目标对抗程度与现场情况，跳跃式地在多个技术中进行灵活转换。换言之，在目标还在试图对抗民警前一个技术时，民警就已经用另一种方式来破坏他的身体重心，而当目标意识到危险时其已经被实施控制。

1. 目标以右手手指指向民警面部，辱骂、挑衅、威胁、推搡民警，民警始终与目标保持距离，警告其不要靠近。

图 3-36　降温式戒备

2. 民警在劝告、警告无效的情况下，左手由内向外推挡目标的手腕内侧，使其手臂偏离中线。

图 3-37　外侧推挡

3. 左手推挡后，迅速使用右手拖臂技术，破坏目标的重心，同时设法移动到目标的身体后侧。

图 3-38　拽肘拖臂

4. 右手拖臂后，左手快速去抓握目标的左侧裤腰位置，避免目标顺时针移动，从而挣脱控制。

图 3-39　腰侧固定

5. 右手顺势移动到目标的右侧锁骨上侧向后回拉，同时，左手向前推动其腰部，双手形成一个推拉的剪切之力，迫使目标身体重心失衡。

图 3-40　前推后拉

6. 双手快速形成背心锁，双腿向后移动，远离目标的双腿，双手始终维持背心的动作并快速向下按压目标的胸廓，迫使目标快速倒地。

图 3-41　背心后撤

7. 目标倒地时，民警用自己的胸口紧紧贴住目标的背部，重心前移，给目标的颈椎和身体施加一定的压力，使他无法继续对抗。

图 3-42　背心地面锁控

任务五　单警应答式徒手控制失效后的武力转换

在实际的执法对抗过程中，并非每一个民警都可以有效地实施上述单个控制技术及技术之间的有效转换，鉴于不同目标个体的差异性，包括体重、身高、职业背景（如格斗运动员）以及实时对抗状态等因素，民警有可能无法完成任何技术，甚至在控制的过程中身体会受到严重伤害，因此，深刻理解与熟练掌握在遇到反抗时，迅速拉开距离并进行武力升级，是执法安全的一个重要理念。

一、托臂失效的武力升级

1. 目标辱骂、推搡、手指指向民警，民警在劝告与警告无效的情况下，试图使用拖臂技术实施控制。

图 3-43　压腕抓臂

2. 在右手使用拖臂技术的过程中遭到目标的强力反抗，民警应迅速移动到目标身体的侧后方。

图 3-44　拽肘拖臂

3. 双手手掌叠加于目标的肩胛骨位置，收下颌，把头部潜藏在两手臂之间，用力将目标推开，拉开距离，完成推离技术。

图 3-45　上步推离

4. 推开目标后，民警应快速取出催泪喷射器或者警棍进行戒备，采用语言控制，如"退后，蹲下，否则我将使用警械，无关人员躲避！"

图 3-46　使用催泪喷射器

📝 **易犯错误**

1. 使用拖臂技术遭到目标对抗时，民警始终有较强的控制欲，未能及时退出，容易遭到目标对侧手的攻击。

2. 双手推开目标的时候，没有将头藏于两手臂之间，容易遭到目标转身的横向捶击。

3. 若目标身体非常强壮，民警仍试图推开他，未主动后退，无法及时拉开距离，亦可能会遭到攻击。

二、腕锁失控的武力升级

1. 民警对目标实施腕锁控制，目标试图朝民警右手施压的反方向做强力抵抗。

图 3-47　腕锁压制

2. 民警在目标打开肘关节之际，快速抽出自己的左手，同时，确保自己的身体在目标的身体右后侧。

图 3-48 腕锁受阻

3. 双手手掌于目标肩胛骨处叠加，推开目标或者借助目标的身体重量主动后撤。

图 3-49 抽手推离

4. 视目标的对抗程度，决定是否采取武力升级或者降温，若有必要可以取出警械进行戒备。

图 3-50 警械戒备

易犯错误

1. 使用腕锁技术遭到目标的对抗，民警始终有较强的控制欲，未能及时退出，容易遭到目标的对侧手攻击。

2. 双手推开目标的时候，没有将头藏于两手臂之间，容易遭到目标转身的横向捶击。

3. 推开目标后，民警未能及时取出警械进行戒备，一旦目标发起攻击，很容易遭到伤害。

三、背心技术失效的武力升级

1. 民警使用背心技术控制目标或者试图将目标拖向地面进行控制，但遭到目标的强力抵抗。

图 3-51　背心受阻

2. 民警应立刻松开双手，双手手掌在其背部进行叠加，并用力推开目标，保持安全的距离。

图 3-52　背面推离

3. 视目标的对抗程度，决定是否采取武力升级或者降温，若有必要可以取出警械进行戒备。

图 3-53　使用催泪喷射器

✍ 易犯错误

1. 使用背心技术遭到目标的对抗，民警的双手始终没有松开，容易被目标向前背摔。

2. 双手推开目标的时候，没有将头藏于两手臂之间，容易遭到目标转身的横向捶击。

3. 推开目标后，民警未能及时取出警械进行戒备，一旦目标发起攻击，很容易遭到伤害。

任务六 单警应答式徒手控制的综合技术

　　面对目标以推搡、撕扯衣物等轻微暴力行为挑衅民警时，民警在警告无效后，应遵循最低武力使用原则，审慎选择干预手段。在实际操作中，民警应先采用拖臂技术，迅速转变为直臂控制，这一温和而有效的技术旨在初步限制目标的行动自由，同时给予其充分反思与服从的机会。若直臂控制未能达到预期效果，被目标挣脱，民警应立刻衔接至腕锁控制技术，精准施力于前臂桡侧神经，利用疼痛与心理威慑迫使目标放弃抵抗，此技术体现了精准控制与人文关怀的平衡。

　　若腕锁控制遭遇顽强对抗，民警应立即转换至背心技术，通过控制身体关键部位、破坏目标平衡与分散注意力，实现更高层次的控制与稳定。这一系列技术动作设计精妙，既可递进升级，亦可灵活调整，根据现场对抗的激烈程度与目标的反应模式，在控制关节、扰乱重心与分散注意力等策略间自如切换，确保执法行动既合法合规又高效安全。

图 3-54　压腕抓臂

图 3-55　拽肘拖臂

图 3-56　三点控制受阻

图 3-57　腕锁压制

图 3-58　腕锁受阻

图 3-59　腰侧固定

图 3-60　背心锁控

图 3-61　背心地面锁控

思政元素

　　党的二十届三中全会强调，要推进国家安全体系和能力现代化，塑造国家安全新优势新态势。要推进政法改革，努力提高执法司法水平和公信力。作为党和国家法治体系的重要组成部分，监狱人民警察肩负着教育改造目标、维护监管安全和保障社会稳定的重大责任。监狱人民警察的执法能力和水平同样与人民群众的切身利益休戚相关。

如何提升监狱人民警察在应答式武力控制中的综合素养和执法水平，使其行动更加合法、安全、合理、有效？这就要求监狱人民警察在应对目标的挑衅、袭击时，必须严格遵循法律法规，不得超越法律赋予的权限，即使在应对紧急情况需要使用武力控制时，也要充分保障当事人的基本人权，秉持诚实守信、公正廉洁的职业操守，在武力控制中不徇私情，不滥用职权。武力控制不是目的，监狱人民警察在执法中使用武力是不得已而为之，其目的是制止和打击违规违法行为，维护良好的监管秩序，确保监狱的安全稳定。在应答式武力控制中，还要注重培养监狱人民警察的团队协作精神，共同为实现执法目标而努力，体现集体的力量和智慧。

对于应答式武力使用，不能简单地理解为单纯的技能运用，这是一项严肃的执法活动，必须要高度重视和严格规范执行。这也是我们在实际工作中坚定拥护"两个确立"、坚决做到"两个维护"，牢牢坚持党对监狱工作的绝对领导，坚持以人民为中心，坚定走中国特色社会主义法治道路，强化政治能力、法治思维和专业素养，深刻理解和把握法治是中国式现代化的重要内容，贯彻落实关于完善中国特色社会主义法治体系的战略部署，持续抓实走深习近平法治思想学习贯彻，在加强刑罚执行工作中履职尽责的具体体现。

习题

1. 什么是"四柱"原理？举例说明托臂技术的"四柱"原理。

2. 什么是"三点"原理？直臂控制中，固定点具体在什么位置？

3. 腕锁技术的压制点在什么位置？其固定点在什么位置？

4. 目标轻微暴力行为具体表现为什么？民警可以使用哪些武力手段？

5. 推离技术的动作要领有哪些？

单元四　遇抗防御与控制技术

学习目标

知识目标：掌握遇抗防御与控制的基本概念、技术原理以及防御手型运用原则。

技能目标：熟练掌握防御手型、钩锁固定以及不同对抗形式的技术转换。

思政目标：培养学生具备高度的法治精神，确保武力使用的合法性与正当性。培养学生勇于担当责任，敢于面对各种挑战和困难，具备高度的责任感与使命感。

学习重点：遇抗控制的核心理念、钩锁固定的三种技术转换。

学习难点：钩锁固定技术与倒地后的翻身技术。

案例导入

金某，男，1998 年出生，朝鲜族，大专文化程度，群众，无业。因犯绑架罪被某市城区人民法院判处有期徒刑五年，于 2018 年送监服刑。

2021 年 3 月 6 日，民警薛某在监舍值班。12：30 分左右组织封号午休后，民警薛某、王某与金某进行个别教育谈话。谈话中民警薛某对金某进行正面教育、心理疏导，尽心安抚金某心态。12：40 分左右，金某情绪变得异常激动，突然站立起来，朝民警薛某脸部重重地打去，导致民警脸部受伤。民警王某与信息员曹某及时上前将金某制服。

该案经狱内侦查科立案侦查，认为犯罪嫌疑人金某，在监狱服刑改造期间，殴打监管人员，情节严重，其行为触犯了《中华人民共和国刑法》第三百一十五条第一款之规定，涉嫌犯破坏监管秩序罪，该案事实清楚，证据确实充分。该案立案后，在与某市某区人民检察院进行案件移送沟通时，检察院要求对金某是否具有刑事责任能力进行司法鉴定。经司法鉴定，金某具有完全刑事责任能力。按照鉴定结论，案件移送检察院。

当前，监狱暴力犯罪的占比始终居高不下，监狱民警在执法时的人身安全始终处于危险之中。在这种环境和形势下，我们必须要求民警做好自身安全防护，特别是与顽危犯、患有精神疾病等类型的目标谈话、接触时，在提高警惕的同时，要掌握应对突然攻击的防御技术。因此，遇抗防御与控制技术是武力使用课程的核心内容，也是学习的重点所在。

任务一　遇抗防御与控制的概念与原理

一、遇抗防御与控制的概念

作为执法的民警，在遇到目标暴力对抗时，有两个问题值得考虑：①如果必要的话，我该怎么自我防卫？②我如何制服目标呢？很多情况下，民警可以通过简单的谈话来使目标降服，虽然花费的时间较长，但相比之下，总比使用武力来解决好，因为这样可以避免身体受到伤害。但是，如果不能劝服目标该怎么办？如果他/她拒绝理智合作该怎么办？在绝大多数情况下，使用警械或者拳头不是好办法，原因是：①民警有可能在对抗中失利或者受伤，②使用警械会比使用徒手控制产生更多的武力纠纷诉讼。一个可选的解决办法就是使用遇抗防御与控制技术。

遇抗防御与控制技术，也称遇抗控制，顾名思义，是指民警在执法过程中，突然遭到目标的攻击或者在实施控制中遭到目标的强烈抵抗所采取的先防御再控制的一种徒手控制技能。它是根据一线执法民警的实际技能情况而设计的一种极为简单、直接而有效的防御与控制策略——面部三角区的防御，中线突入、打乱目标攻击节奏，破坏目标的身体重心，在目标试图恢复身体重心和调整位置的时候，使用钩锁固定的方式暂时控制目标的手臂，视目标的对抗情况，决定是否采取摔投的方式，迫使目标安全倒地，并最终在地面得到控制。

二、遇抗控制技术的原理

（一）阻断进攻

在受到目标肢体的挑衅抑或是突发的暴力攻击时，首要的任务就是快速贴近目标的身体，运用防御手型阻断目标的干扰与攻击，避免自己面部受到攻击的同时，迫使目标身体重心失衡，让自己占据有利的位置，保持距离或者令目标处于民警的暂时控制之中。

（二）固定关节

当拦截、阻断以及破坏目标身体重心时，需要暂时控制目标身体关节或躯干，并通过语言的控制来稳定目标的情绪以及减低身体的对抗。固定关节便有了承上启下的作用：退，可以快速解除暂时控制，与目标保持距离后武力升级；进，可以在目标继续对抗时，转入下一个有效的控制。

（三）破坏重心

人体的运动是复杂的，动与静是相对的，建立平衡和破坏平衡是既对立又统一的矛盾。如果我们想要控制对手，必须在防御的同时破坏对手的平衡，迅速转移他的注意力，并建立起自己的有效平衡，占据有利位置，使他的身体处于一种非平衡的松懈状态，以便我们可以轻易地将他摔倒在地，达到"四两拨千斤"的效果。

（四）地面控制

目标倒地后的大部分状态都是以仰卧的形式呈现，从仰卧到俯卧的转换是遇抗控制中的关键。这种转换需要对目标身体进行压制、对其关节进行控制以及民警有效的身体移动，最终使目标完全丧失攻击与对抗的能力。

（五）武力升级

由于目标的身高、体重、对抗程度、承受疼痛的能力等都有差异，民警在控制时可能会遭到不同程度的对抗。在阻断、固定或者控制的任何一个环节，一旦发现凭借自身的徒手技术无法有效控制目标，应该随时推开目标，与目标保持安全的距离，并取出警械戒备，武力升级。

任务二　遇抗控制的防御手型

在近距离的对抗中，民警试图用不同的防守技术来防御与应对迥异、无序的攻击，通常这样的方式是危险且无效的。因为普通民警根本无法判断目标将以一种什么样的方式来攻击他们，很多时候正如在街头看到的那种打斗，根本无法用术语来描述的拳法，如暴风雨一样杂乱无序。如果民警的思维、感官以及被指挥的肢体没有达到高度统一，是很难做出有效的判断与回应的，除非民警有足够的能力在目标发起攻击的瞬间就用一连串的组合拳将他击倒。但遗憾的是，法律不允许民警这样做，民警也非专业的搏击运动员。因此，身处一线的监狱人民警察非常有必要去学习与掌握一种或几种简单有效的防御方式，包括抱头防御与头盔防御。

一、抱头防御手型

1. 目标试图靠近民警或者有攻击民警的意图，民警始终保持安全距离，先采用降温式戒备，并警告其不要靠近。

图 4-1　降温式戒备

2. 当目标突然攻击民警面部时，民警迅速将双手掌根紧贴自己的前额、双肘合拢、前臂护住自己面部三角区。

图 4-2　抱头防御手型

3. 躯干前冲，缩短与目标的攻击距离，以前臂撞击目标的躯干，迅速抑制对手的右直拳，使其手臂无法完全伸直，削弱其攻击力量。

图 4-3　抱头防御切入

二、头盔防御手型

1. 目标试图靠近民警或者有攻击民警的意图，民警始终保持安全距离，先采用降温式戒备，并警告其不要靠近。

图4-4 降温式戒备

2. 左手掌贴于头盖骨，前臂护住面部三角区，右手掌搭住左手前臂中段，与右手边形成一个三角形的"头盔式"防护，身体收腹含胸。

图4-5 头盔防御手型

3. 主动降低自己身体的重心，躯干前倾，利用头盔快速贴近、撞击目标的身体重心，破坏目标的身体平衡，撞击瞬间左脚向前一步做支撑。

图 4-6　头盔防御切入

任务三　由抱头防御转入钩锁固定

钩锁固定技术很少独立使用，一般是民警在受到目标攻击时进行自我防御后的一个衔接过渡技术，即在采取抱头防御与头盔防御切入后，目标失去重心的瞬间，对目标进行暂时的控制与稳定，使得目标无法进行下一步攻击。钩锁固定技术的主要目的在于对目标进行暂时的控制与压制，如果在目标不愿放弃对抗的情况下，民警可以选择推开、武力升级，更多是根据目标的反抗进行下一步更加有效的控制。

1. 目标徒手攻击民警，民警迅速完成抱头防御、切入、撞击目标的胸口，破坏目标的身体重心，干扰目标的攻击节奏与击打距离。

图 4-7　抱头防御切入

2. 在撞击到目标身体的瞬间，左手从目标的腋下穿过，手臂圈抱目标的肩关节，手掌成钩状，钩住目标的肩膀形成固定，同时右手手掌推按目标右侧颈部。

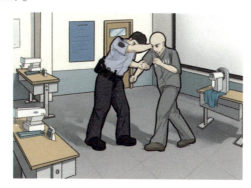

图 4-8　圈臂压颈

3. 民警右脚向左后方撤步，身体带动双手协力向右后方旋转按压，破坏目标身体重心，转移其注意力。

图 4-9　撤步旋转

4. 左手前臂向胸口方向压制目标肘关节上侧，右手手臂伸直，掌根部位发力抵住目标的颈侧（耳廓下方）并向对侧推，两只手形成相互推拉的合力，对目标的肩关节形成一个压力，使其无法将身体抬起来。

图 4-10　钩锁固定

易犯错误

1. 抱头防御没有形成有效的撞击与破坏，目标有机会发起二次进攻。

2. 实施钩锁固定时，民警未能快速撤步旋转来破坏目标的身体重心，目标会快速调整身体位置实施对抗。

3. 撤步旋转后，民警的左肩离目标的肘关节太近或者太远，容易被挣脱或者滑落。

4. 钩锁固定时，民警的双手未能对目标的颈部与肘关节形成推拉锁定，肘关节没有受到有效压制，容易挣脱。

5. 钩锁固定压制时，民警的左右脚前后开立，矢状面的平衡能力变弱，容易被目标破坏重心，而无法对目标实施有效控制。

任务四　由钩锁固定转入拖向地面

在钩锁固定的基础上会有多种技术的转换，而这些转换一定是基于目标对抗的形式来确定的，包括对方下一步的动作、用力方向以及对抗的强度等。或者说，技术的转换更像是一种战术策略，将目标引导至他试图反抗的方向，运用力的叠加来破坏他的重心，迫使他快速安全地倒地。

一、由钩锁固定转入肘关节压制

1. 民警以钩锁固定暂时控制目标，并不断用语言来配合行动，如："不要对抗，冷静下来，冷静下来。"

图 4-11　钩锁固定

2. 目标试图以对抗来挣脱民警的控制，民警应迅速将右手抽回，并与左手掌心相对形成一个稳定的搭扣。

图 4-12　合掌压肘

3. 民警的左手前臂桡腕侧压制目标的上臂远侧端（靠近肘关节），双手合力向地面方向按压，同时双脚向目标的身体右前方后退。

图 4-13 屈身压肘

4. 当目标的肘关节受到向下的按压时，肘关节受限，他必须通过降低身体重心来代偿肘关节的疼痛。此时，民警也要快速降低重心，避免他的手臂从自己肩部滑落。

图 4-14 跪压控制

 易犯错误

1. 左手上臂桡腕侧的压制位置与肘关节较远，特别是靠近目标的肩部位置，动力臂缩短，导致阻力臂变长，容易被挣脱。

2. 双手按压目标肘关节时，身体没有及时向目标的右前方后撤，目标很容易贴近民警的身体，双手对肘关节的压力就会变弱，甚至消失。

3. 民警在后退、按压时，民警的身体没有随目标身体的重心降低而降低，导致目标倒地时，右手从民警的肩部上侧滑落，从而使其挣脱控制。

二、钩锁固定转向螺旋摔控

1. 钩锁固定控制，目标由于肘关节被压制，躯干很难做出向上的对抗，很多目标便会选择用对侧手去够民警的下肢，试图通过对下肢的施力，来破坏民警的平衡，使自己能挣脱控制。

图 4-15　钩锁固定

2. 民警右手顺势向左下方按压目标的颈部，同时身体经目标头前侧向右侧弧形跨步移动。当移动到目标的左侧时，左手屈肘钩住目标的右手肘关节，向后回拉，右手继续向对侧推按，使目标的身体顺时针旋转。

图 4-16　螺旋转摔

3. 目标倒地瞬间，民警用左手托住目标的右手手臂，避免其后脑勺碰撞地面。当目标倒地时，民警一定要快速移动到目标的头部右侧。

图4-17　挂臂托枕

4. 民警双手向上提拉目标的手腕，双腿膝关节夹住目标的肘关节，双手向目标屈肘的反方向用力推，迫使他肘关节成反关节控制。

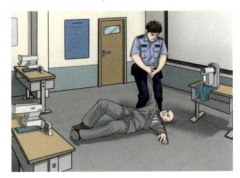

图4-18　拖腕控肘

易犯错误

1. 目标躯干向上对抗，民警试图使用螺旋摔，极容易被挣脱，甚至被反锁。

2. 使用螺旋摔时，民警身体没有从目标的头部前侧做弧形的移动，完全是通过蛮力试图使目标倒地。

3. 民警在实施弧形移动的过程中，没有对目标颈部与右手肘关节形成推拉的力偶，无法令目标的身体在倒地前进行旋转。

4. 目标倒地瞬间，民警未能对其右手进行拉拽与保护，导致目标直接倒地，后脑勺着地而产生严重的伤害事故。

三、钩锁固定转向勒颈下压摔控

1. 钩锁固定后，目标试图向上抵抗以挣脱民警对其身体的压制，民警躯干快速靠近目标的头部，右手顺势圈住目标的颈部。

图 4-19　钩锁固定

2. 民警左手从目标的颈部下侧插入，与右手手腕交汇相握，同时收紧双臂，给目标的颈动脉造成巨大的压力。

图 4-20　颈部控制

3. 民警加大双手勒颈的压力，身体重心下沉，双腿向后移动，迫使目标双膝依次跪地，俯卧于地面。

图4-21 后撤下压

4. 目标俯卧倒地后，民警用躯干压制目标的背部，双手依旧控制住其颈部，暂时将目标稳定在地面。

图4-22 跪地锁颈

5. 民警将自己的双腿伸直，脚尖触地，膝盖悬空，始终将重心集中在自己的躯干，并做顺时针移动。

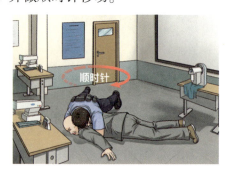

顺时针

图4-23 侧向挪移

6. 民警顺时针移动至目标背后，用双腿膝盖内侧夹住目标的腰部，形成骑乘式，同时，民警的双手以"背心式"的方式控制目标的躯干。

图 4-24　背部骑乘

7. 当目标右手撑起的瞬间，民警右手从目标的肘关节内侧穿入并抓握其手腕。民警身体重心前倾，肘关节向前压，抓腕手后拉。

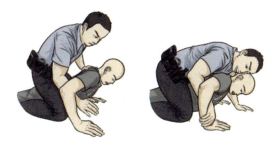

图 4-25　抓腕推肘

8. 民警通过右肘前推、手腕后拉形成的杠杆，将目标的右手扳离到其背部。与此同时，民警应快速将自己的膝盖移动至目标的上臂下侧形成固定。

图 4-26　骑乘锁肘

📝 易犯错误

1. 钩锁固定时，目标试图挣脱民警右手对其颈部的压制，躯干伸展向上已经超过120度，民警再去控制其颈部，不能形成有效控制。

2. 双手锁住目标颈部时，没有对其颈动脉实施有效的压制，容易被目标挣脱。

3. 当民警控制目标的颈部时，下肢距离目标身体过近，裆部容易遭到目标的攻击。

4. 民警双手控制目标颈部时，躯干没有对目标的颈部、背部形成向下的压力，身体没有后退，无法使目标跪地俯卧。

四、钩锁固定转向推颈切别摔

1. 当目标受到钩锁固定技术的控制时，一般最本能的反应是对抗颈部的压力而试图向上挣脱颈部的控制，使自己的身体能快速地直立起来，再进行抵抗。

图4-27 钩锁固定

2. 当目标的身体向上对抗的时候，他的用力方向一定是向上并向后仰的趋势，当民警无法压制目标的颈部时，应将身体左转体，带动右手向左下方用力横切目标颈部。

图 4-28 挺身挣脱

3. 民警右脚向后方撩目标右小腿，形成一个切别的之力，迫使目标倒地。在目标倒地瞬间，一定要用左手拉住其右手，避免其后脑勺撞击地面。

图 4-29 切别绊摔

4. 民警双手向上提拉目标的手腕，双腿膝关节夹住目标的肘关节，双手向目标屈肘的反方向用力推，迫使其肘关节成反关节控制。

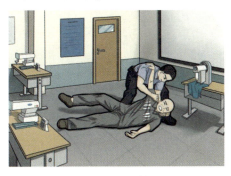

图 4-30 携臂托枕

易犯错误

1. 当目标的躯干向上对抗并伸展时，民警没有靠近目标的身体，从而无法使用屈肘来向目标的颈部施加推力。

2. 民警身体右转带动右手的屈肘推颈部以及右脚切别没有做到有效的协同，容易被目标抢占有利位置，破坏民警的重心。

3. 目标倒地时，民警双手未能抓握目标的手腕，容易令目标后脑勺着地产生危险。

4. 目标倒地瞬间，民警没有技术移动到目标手臂的右侧，以实施双腿实施锁控肘关节的压制技术，导致目标倒地时容易从地面移动逃离。

五、钩锁固定转向下潜背心摔控

1. 钩锁固定控制时，目标有可能会做屈肘对抗，一旦形成屈肘，目标身体向上的对抗之力就会变得非常大，民警根本无法有效压制目标。

图 4-31　钩锁固定

2. 当目标的颈部与躯干向上对抗时，民警迅速用左手向上推其肘关节，同时身体快速从目标腋下潜入，移动到目标的身体正后方。

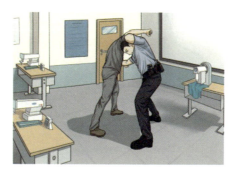

图 4-32　下潜挪移

3. 民警左手立即从目标的左肩膀上侧通过，主动去抓握自己右手，形成交汇抓握，成背心式控制。

图 4-33　背心固定

4. 民警身体紧紧贴住目标的背部，快速向前顶髋，破坏目标的身体重心，同时身体向后移动，迫使目标身体快速向后倾斜。

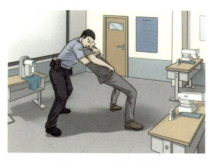

图 4-34　背心后撤

5. 民警身体向后移动的速度足够快，令目标的双脚无法做出调整，目标身体后倾的过程中，民警双手向后向下用力，迫使目标倒地。

图 4-35　地面背心锁控

✎ **易犯错误**

1. 民警潜入目标腋下转移到目标身体背后时，未能将其手臂抬起，导致潜入时容易被目标的手臂阻挡。

2. 民警移动至目标背后，容易混淆左右手的位置，通常将右手置于目标肩上，左手从其腋下穿入，延误最佳控制的时机。

3. 背心锁控时，双手没有形成搭扣或者搭扣过于松懈，导致目标挣脱控制。

4. 民警将目标拖入地面时，双手无法锁紧目标的身体，导致目标头部撞击地面而受伤。

任务五　倒地翻身技术

不管是实施应答式控制还是遇抗控制，民警最终都是需要将目标拖向地面实施压制、控制甚至是上铐带离。因此，在目标倒向地面后的控制及翻身技术尤为关键，一旦地面失控，前面所作的所有努力都是徒劳无功的。

一、折腕托肘翻身

1. 以推颈切别摔为例，在目标倒地的瞬间，民警应左手保护其后脑以避免撞击地面，同时快速移动至目标右手手臂位置。

图 4-36　携臂托枕

2. 民警双手抓握目标的右手腕并向上提拉，两边膝盖紧紧夹住目标的上臂，将其肘关节抵于自己右大腿内侧，双手向右大腿方向推按，迫使其肘关节受限。

图 4-37　固臂控肘

3. 民警左手继续抓握目标手腕，右手抓握目标掌背，使其屈腕、屈肘，民警抓腕并向自己的左大腿方向按压，迫使其手腕关节受限。

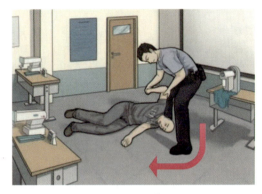

图 4-38　固肘折腕

4. 民警用左手托住目标的肘关节，抓握手腕的右手向自己的左手方向按压，持续保持目标手腕的疼痛感，身体经目标头部前侧顺时针移动，迫使目标向左侧翻身。

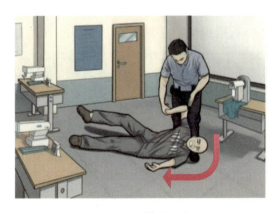

图 4-39　锁腕翻身

5. 当目标成俯卧状态后，民警将其右手推向其背部，并用左侧膝盖跪压其背部并抵住其肘关节，形成固定，再以右侧膝盖跪压目标肩胛骨。

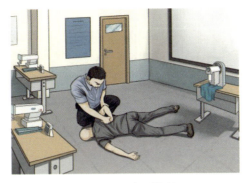

图 4-40　跪压控制

易犯错误

1. 目标倒地瞬间，民警没有快速移至目标的手臂位置，很容易令目标仰卧坐起逃脱。

2. 民警对目标的肘关节施压按压的时候，右大腿内侧没有固定好目标的肘关节，无法致其肘关节活动受限。

3. 当民警将目标的肘关节从自己的大腿内侧替换至左手托肘固定时，没有做好有效的过渡与衔接，导致目标快速挣脱。

二、大腿拖带翻身

1. 民警双手抓握目标的右手腕并向上提拉，两边膝盖紧紧夹住目标的上臂，将其肘关节抵于自己右大腿内侧，双手向右侧大腿方向推按，迫使其肘关节受限。

图 4-41　固臂控肘

2. 民警左脚迈过目标的头部置于其左肩位置，右大腿内侧抵住目标的肘关节，小腿胫骨抵住其背部，双手抓握其手腕并向上拉直其肘关节。

图 4-42　跨步抵肘

3. 民警向左转体 90 度的同时右脚小腿快速转至左侧，通过转体来驱动大腿对目标肘关节向左侧的持续施压，迫使目标通过向左侧翻身来代偿肘关节的压力。

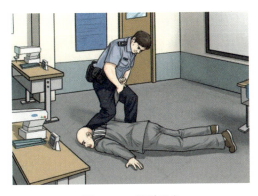

图 4-43　抵肘翻身

4. 当目标翻身至俯卧状态，民警继续向左转体，直到侧向面对目标的身体，左侧膝盖跪压目标的背部，右侧膝盖跪压目标的肩胛骨，对目标右臂形成固定与控制。

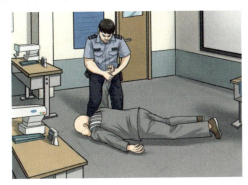

图 4-44　直臂跪压控制

✎ 易犯错误

1. 民警左脚迈过目标头部的时候，右脚大腿内侧没有抵住目标的肘关节，容易被挣脱。

2. 民警身体向左侧转体的时候，双手未能将目标的手臂拉直，导致目标以屈肘的方式对抗民警大腿的压力，容易仰卧坐起逃脱。

3. 民警向左侧转体与双手提拉向上提拉手腕，大腿拖带以及右侧小腿转动不协调，容易导致目标身体向左侧移动，无法令其翻身。

4. 目标翻身至俯卧状态时，民警的右侧膝盖跪压目标的颈椎或者颈动脉，容易导致目标的严重伤害。

任务六   遇抗控制的综合运用

对于普通民警来说，遇抗控制是一项非常困难的技术，因为目标不会事先说他会用哪只手先进行攻击，即便对于一个训练有素的拳击运动员，也不一定能避开目标突然发起的拳头攻击。众所周知，当我们试图对对手的攻击进行判断时，经过的神经通路越长，应激反应就会变得越迟缓。因此，民警应该熟悉武力应答模式和相关的武力使用原则，更需要明确一点，执法并非竞技格斗，不是一定要分出输赢，而是在于安全或者不安全，一旦在暴力阻抗或者攻击的过程中，民警感知无法控制目标时，一定要选择武力升级，来确保民警自身或者第三方的安全。

一、抱头防御+撞击转入武力升级

图4-45 抱头防御+撞击转入武力升级

二、钩锁固定+推离转入武力升级

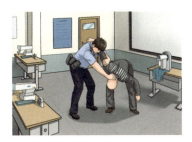 

图 4-46　钩锁固定+推离转入武力升级

三、背心控制+推离转入武力升级

图 4-47　背心控制+推离转入武力升级

🏷 思政元素

党的二十届三中全会指出，国家安全是中国式现代化行稳致远的重要基础。必须全面贯彻总体国家安全观，完善维护国家安全体制机制，实现高质量发展和高水平安全良性互动，切实保障国家长治久安。要健全国家安全体系，完善公共安全治理机制，健全社会治理体系，完善涉外国家安全机制。作为国家安全体系的重要一环，监狱作为刑罚执行机关，在确保绝对安全的前提下，新时期监狱工作高质量发展还需要在法治化建设、科学化管理、教育改造创新、人才队伍建设、社会协同参与、安全保障强化、社会协同参与、文化建设、国际交流合作等多个方面协同推进。遇抗防御与控制技术训练作为其中的一项重要内容，其对于培养监狱人民警察严谨的思维、果断的执行力、高超的技能；对于打造一支专业化、职业化、现代化的监狱工作队伍；对于进一步加强和完善风险防控和应急处置机制，确保监狱的绝对安全，有着不可忽视的作用。

正是因为管理与被管理本身就是一对矛盾，作为监狱管理与执法主体的监狱人民警察在对目标进行管理、教育和改造的过程中不可避免地会遇到目标不服从管理、挑衅甚至袭击民警的突发事件。这就要求监狱人民警察要树立责任意识，勇于担当，积极应对各种挑战。强化监狱人民警察在执勤过程中的安全意识，时刻保持高度的警惕，在遇到目标不服从管理、挑衅甚至袭击民警的突发事件时，必须严格遵守法律的实体和程序性规定，根据不同情况灵活运用战术策略，依法审慎使用武力，采取有效的防御和控制措施，快速有效地控制局面，在处置中要相信战友、依靠战友，与战友密切配合，共同完成任务，确保执法行为的合法性和正当性，确保自身和他人的安全。

📖 习题

1. 遇抗防御与控制的基本概念是什么？

2. 遇抗防御与控制的技术原理分别是什么?

3. 钩锁固定的"三点"控制原理主要体现在哪里?

4. 螺旋摔主要针对哪种对抗情况以及何种体型的目标?

5. 切别摔技术需要把握哪些安全要点? 请举例说明。

单元五　警组协同控制技术

知识目标：掌握警组协同控制技术的概念及技术原理。

能力目标：针对不同的对抗方式，警组能熟练运用技术的转换并有效控制。

思政目标：培养学生使命认同、团结协作与大局意识、规则意识，养成纪律严明、沟通顺畅、令行禁止、言行一致的警组协同的优良作风，提升警组的战斗力与执行力。

教学重点：抱头防御切入到钩锁固定、背心与抱腿的协同控制技术。

教学难点：将目标拖向地面后的固定、翻身以及地面控制。

案例导入

吴某，男，安徽合肥人，因犯故意伤害罪被判处有期徒刑八年六个月，余刑四年。

2023 年 9 月 17 日，吴某因违反监规被扣分，两名民警在对其进行"十必谈"教育时，吴某不但不接受民警的教育，反而用朝民警吐口水、拍击桌子，将桌上的电脑摔在地上、大声吼叫等行为来宣泄自己的情绪。在警告无效的情况下，民警甲先使用了腕锁技术，试图制止吴某的违规行为，但遭到吴某的强力反抗，该民警迅速改变了控制的策略与方法，由腕锁控制转向圈颈下压技术，试图将吴某拖向地面。与此同时，民警乙也尽力协同自己的同伴对吴某进行控制，但是由于民警乙没有接受过任何关于应答式武力控制和警组协同控制技术的训练，当他的同伴正竭尽全力控制目标的时候，他却不知所措、无从下手，从而无法有效地与同伴形成警力优势。由于短时间内无法实现对吴某的有效控制，于是民警甲快速转变战术策略，迅速推开吴某，取出催泪喷射器，对其面部进行了至少 3 次喷射的处置。很快，封闭而狭小的谈话室内弥漫着浓烈而刺激的催泪气体，吴某却因为极度亢奋，短时间内并未受到较大影响。反观两名民警，却被空气中充斥着的催泪气体刺激得难以招架。此时的民警陷入骑虎难下、进退两难的境地，若离开房间，此时失去理智的吴某可能自伤自残；若留在房间，空气中弥漫的催泪气体难以忍受，会使他们陷入被动之中。

在这个案例中，民警甲在控制目标的过程中遭遇到目标的强力对抗，由于无法有效地控制住目标，于是他根据武力应答模式提升了武力，并使用了催泪喷射器。这本是一个非常规范的操作程序，但因民警自身对应答式武力控制技术掌握不到位，使得控制的效果不明显，再加上缺少同伴的协同帮助，最后只能使用催泪喷射器。尽管在绝大多数情况下，相关规定允许使用警棍与催泪喷射器，但由于该两种警械的使用往往会受空间等多种因素的限制，因而从使用效果上来看，该案例中，使用催泪喷射器不是最好的解决办法。

任务一 警组协同控制的概念及技术原理

监狱民警的警组协同控制技术与公安民警的抓捕技术存在着本质差异，公安民警的抓捕大多是在经过大量的信息搜集、现场勘察、人员布控等缜密的计划与准备后所采取的秘密而突然的控制及控制后的带离；而监狱民警的警组协同控制一般发生在狱内管理现场，针对的情形是目标违反监狱相关规定，警组在劝告、警告、制止、带离目标的过程中，目标以暴力方式抗拒、阻碍监狱人民警察执法，或者目标以暴力的方式袭击监狱人民警察以及其他工作人员时，警组依法对目标采用强制手段制止违规违法行为。

一、警组协同控制的概念

警组协同控制，是警组在应答式武力控制的技术基础上，根据目标的对抗程度、对抗方式，通过技术动作的转变、控制位置的变换、注意力的转移等方式来改变目标的身体重心，使其在对抗中快速失去身体平衡，从而实施有效控制的一种方法。

二、警组协同控制的技术原理

（一）警力优势原理

在警组协同控制过程中，民警必须严格依托警力优势进行有效处置，这是确保安全的可靠基石。在实战中，民警应坚决避免逞强好胜的行为，以少胜多、以弱胜强或分散警力以求各个击破的策略均不符合实战要求。若缺乏警力优势作为坚实后盾，一旦遭遇目标的强力抵抗，民警的安全将面临极大威胁。因此，确保警力优势是至关重要的。正所谓"单则易折，众则难摧"，警力优势不仅能够给予目标心理和身体上的双重震慑，还能够充分发挥处置队型和警组协同作战的优势。

（二）防控结合原理

在警组介入并实施控制的过程中，不可避免地会遭到目标的对抗甚至是殊死对抗。因此，在警组接近目标时，无论其处于平静还是暴力对抗状态，民警均应采取有效的防护措施，以不变应万变，确保自身安全。同时，必须充分考虑到在控制过程中可能遭到目标的强力对抗，必要时应迅速采取武力升级策略，以确保自身安全。在处置过程中，要时刻树立安全意识，切实遵循安全先行的原则，保障自身安全的同时，根据现场情况，也要确保目标的人身安全。

（三）优势站位原理

警察在执法时其站位与其安全有着直接的关系，合理的站位是贯彻战术意识、完成处置的重要保障。选择合理的站位，不仅可以形成位置的优势、警力的优势、控制的优势，还可以形成强大的武力震慑和心理威慑，而且能在最短的时间内做出反应与补位，掌握现场处置的绝对主动权。一旦选择了不合理的站位，或者擅自离开合理的站位，就可能出现站位混乱、主次不分的问题，从而导致安全防范上的漏洞，被目标有机可乘。

（四）协同配合原理

协同配合是警组协同控制中的核心要素。结合距离、戒备、合理的处置队型等要素，充分发挥警组的协同，可以提升警力、警械的最大合力与优势，处置对抗中，有效的警组协同还能快速形成警戒、掩护和支援，常常能达到声东击西、攻防自如的效果，令目标顾此失彼，腹背受敌。警组的协同配合既能保证警察自身与第三方的安全，同时还可以有效控制现场事态的进一步发展。警组协同的失效会令警组不仅不能相互支援，还容易导致组内相互干扰、阻挡甚至是伤害事故的发生。

任务二　警组协同的遇抗控制技术

警组协同的遇抗控制技术主要针对两种常见的情况：一种是目标不听民警指令，试图通过挥舞双手或者拳打脚踢的方式不让民警靠近，民警为了制止目标的违规违法行为，在保护自己免受伤害的同时采取以警组抱头撞击和实施钩锁固定的方式控制目标，对目标实施有效控制。另外一种常见的情况是，目标遭到催泪喷射器喷射后没有停止对抗，反而变得异常亢奋，在不适合使用警棍击打的情况下，民警可以采取武力降温，通过警组协同的遇抗控制技术贴近目标的身体实施徒手控制。

一、抱头切入，钩锁固定控制

1. 目标与民警对峙，两位民警与目标保持 1.5 米左右的距离，形成三角站位戒备，先进行劝告、警告。

图 5-1　三角站位

2. 当劝告、警告均无效时，两位民警使用抱头防御技术快速切入，破坏目标身体重心。

图 5-2　抱头防御切入

3. 民警利用目标对抗中手臂张开的空隙，快速形成钩锁固定控制目标，迫使目标躯干前屈约 90 度。

图 5-3　钩锁固定

4. 左侧的民警右手松开目标的颈部，与自己的左手合掌搭扣，左手桡骨抵住目标的肘关节上侧，对侧民警左手与自己的右手合握，右手桡骨抵住目标的左手肘关节上侧。

图 5-4　控肘下压

5. 两名民警双手合力向自己的胸口回拉目标的肘关节，使其肘关节活动幅度受限，同时，身体重心下沉，向目标肩关节前方斜 45 度方向移动，双手下压，加大目标肘关节的压力，迫使其先跪地、再俯卧。

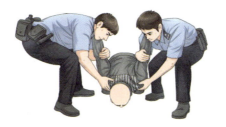

图 5-5　托臂受身

6. 当目标成俯卧状态时，一侧的民警先行跪压，控制目标肘关节，最后完成警组跪压控制。

图 5-6　跪压控制

易犯错误

1. 目标受到撞击后，民警没能及时将手插入目标的腋下，实施钩锁固定控制，容易使其挣脱并发起攻击。

2. 在目标跪地、俯卧的过程中，民警未能下降身体重心，导致目标的手臂从民警的肩膀滑落。

3. 迫使目标俯卧倒地时，民警没有扶住目标的肩膀，导致其面部碰撞地面而受伤。

4. 目标倒地后，民警使用膝盖跪压目标的颈部，容易导致目标颈椎的严重伤害。

二、由钩锁固定转向挂臂抬腿

1. 目标与民警对峙，两位民警与目标保持三角站位戒备，距离目标1.5米左右，先进行劝告、警告。

图5-7　三角站位

2. 当劝告、警告无效时，两位民警使用抱头防御技术快速切入，外侧手分别从目标的腋下插入，快速形成钩锁固定控制目标。

图 5-8　钩锁固定

3. 目标全力向上对抗民警对其颈部和肘关节的压制，在钩锁固定即将失效的情况下，左侧民警松开右手，右侧民警松开左手，同时插入目标的膝关节后侧，将目标抬离地面。

图 5-9　抱腿抬离 1　　　　　　图 5-10　抱腿抬离 2

4. 当目标试图奋力挣扎民警的抬离技术时，两名民警将目标放至地面，左侧的民警用左手按住目标的脸颊，避免目标仰卧坐起。左侧的民警用双腿膝关节内侧夹住目标的上臂，对其肘关节进行压制，右侧的民警将目标的左手手臂控制于地面。

图 5-11　倒地瞬间压制

图 5-12　地面固定

📝 易犯错误

1. 民警抬离目标双腿时，钩锁固定不稳固，容易导致目标的手臂从民警的肩膀滑落。

2. 民警将目标带向地面时，没有及时降低自己的重心，目标容易躯干落地，导致后脑撞击地面而受伤。

3. 目标落地瞬间，右侧的民警没有及时地将目标的面部推向地面，导致目标极易起身逃脱。

三、由钩锁固定转向背心、侧面抬腿摔控

1. 目标挥舞双手，对抗民警的控制。两名民警同时抱头切入，由抱头转向钩锁固定控制，遭到目标的强烈对抗。

图 5-13　钩锁固定

2．目标将全部注意力集中于对抗民警颈部的压制，躯干向上对抗民警的压制，试图挣脱控制。

图 5-14　钩锁受阻

3．右侧的民警迅速从目标腋下穿过，移动至目标的背后并紧紧贴靠目标的背部，用背心技术及时固定目标躯干。

图 5-15　腋下挪移

4．当右侧的民警使用背心控制技术固定目标的躯干时，左侧的民警准备实施下潜抱腿。

图 5-16　背心固定

5. 目标一侧民警快速下蹲，双手抱住目标的双腿并将其双腿抬起，使得目标身体重心向自身右侧失衡后，快速将其控制于地面。

图 5-17　背心+抬腿

6. 当一侧的民警用跪压技术暂时控制目标的左手肘关节时，另一侧的民警迅速移动到目标的躯干位置，用双手按住目标的右手。

图 5-18　地面固定

易犯错误

1. 钩锁固定遭到目标的对抗时，民警事先未进行沟通，导致两人同时下潜，造成身体撞击。

2. 右侧民警转移到目标身体后侧实施背心技术时，双手未形成有效搭扣，容易被目标挣脱。

3. 实施抱腿的民警在目标的正前方抱腿，容易遭到目标膝盖撞击和脚部踢击。

4. 实施抱腿的民警未能将目标的双腿同时抱起离地，容易让目标有机可乘、快速恢复重心。

5. 目标倒地瞬间，实施背心技术控制的民警没有锁稳目标的躯干，导致目标头部着地而受伤。

四、钩锁固定转向前后抱头撞击、背心控制

1. 警组正面抱头切入，并试图以钩锁固定技术暂时控制目标，但遭到目标的强力对抗。目标快速挣脱警组的控制，并转身试图攻击左侧民警。

图 5-19　钩锁固定失效

2. 左侧的民警使用抱头技术进行防御并切入目标的身体内围，使用撞击技术将目标推向对侧的民警。

图 5-20　抱头防御

3. 当目标被推向右侧时，右侧的民警迅速使用背心技术将目标的躯干暂时控制住，并向后移动破坏目标的重心。

图 5-21　推离+背心锁

4. 左侧的民警迅速下潜，双手抱住目标的小腿并快速向上抬离，迫使目标的身体完全失去重心。

图 5-22　背心+抬腿

5. 目标倒地后，右侧的民警屈膝下蹲，暂时用背心技术固定目标的身体，如果目标继续对抗，民警可使用地面控制与翻身技术。

图 5-23　背心锁控

6. 一侧的民警使用肘关节固定技术暂时控制住目标的右手肘关节，另一侧的民警迅速移动至目标的躯干左侧位置，用双手按住目标的左手。

图 5-24　地面固定

✏️ 易犯错误

1. 当目标挣脱控制时，正面应对的民警没有及时使用抱头技术保护自己，容易受到伤害。

2. 当目标攻击正面的民警时，民警出现后退的情况，导致盲区的民警无法很好地抓住使用背心控制技术的机会。

3. 实施背心控制的民警没有快速破坏目标的身体重心，导致正面抱腿的民警有被膝盖撞击的风险。

4. 目标倒地时，负责抱腿的民警未能及时地移动到目标对侧手控制，容易导致目标挣脱控制。

任务三　警组协同徒手带离与控制

警组协同徒手带离与控制技术通常是在目标出现消极对抗、不服从民警让其蹲下或站起来的指令、手指指向民警并伴随着语言辱骂、挑衅等非暴力对抗行为时，民警在劝告、警告无效的情况下，采取徒手将目标带离的一种较温和的武力手段。

一、携臂带离转向腕锁带离

1. 目标言语顶撞民警，在对其劝告、警告无效的情况下，两名民警从目标的左右侧接近目标，并且时刻处于戒备状态，防止目标突然攻击。

图 5-25　后三角站位

2. 左侧的民警用左手插入目标的上臂内侧，用肘关节夹住目标的上臂，右手抓握目标的手腕。右侧的民警，右手控制其上臂，左手抓腕。

图 5-26 携臂控制

3. 当目标身体重心下沉后移，双手肌肉紧张，试图对抗民警的向前带离时，两侧民警应迅速由携臂控制转为腕锁控制，使目标双手的桡侧神经受到强力的压制而疼痛。

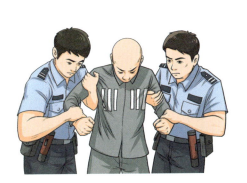

图 5-27 腕锁压制

4. 民警语言警告目标，让其放弃对抗，否则将使用更强力的武力控制，如果目标放弃对抗，两名民警可由腕锁控制转为携臂控制并带离。

图 5-28　携臂带离

✎ **易犯错误**

1. 民警接近目标时，没有形成心理戒备与降温式戒备，容易遭到目标的攻击。

2. 在实施腕锁控制时，民警没有固定住目标的肘关节，容易被目标强力挣脱。

3. 当目标因受腕锁控制产生疼痛而服从民警指令时，民警依旧实施强力的压制，违反最低武力使用原则。

二、腕锁受阻，继续加大腕锁控制力度

1. 当民警使用腕锁控制带离时，遭到目标的强力对抗，民警应加大对其桡侧神经的压制，迫使目标因为疼痛而降低身体重心。

图 5-29　腕锁控制

2. 民警在使用腕锁控制时，应使身体重心下沉，并向前移动，迫使目标先双膝跪地，再俯卧。

图 5-30　腕锁前移

图 5-31　腕锁俯卧

3. 当目标俯卧瞬间，一侧的民警直接将他的手臂推按到其背部，实施跪压控制，然后由另一侧的民警实施相同的操作。

图 5-32　跪压控制

📝 易犯错误

1. 实施腕锁控制时，民警身体未能降低重心，无法迫使目标跪地。

2. 目标跪地、俯卧时，民警没有实施有效的保护，导致目标因面部撞击地面而受伤。

3. 目标俯卧瞬间，一侧民警未及时将目标的手臂推按到目标的背部并实施跪压，容易导致目标挣脱。

三、腕锁带离转入抬腿带离

1. 民警用降温式戒备接近目标，并试图用腕锁技术进行带离，但遭到目标的强力对抗。

图 5-33　腕锁遇抗

2. 左侧的民警用自己的左手手掌钩握住目标的右手腕，右侧的民警用右手手掌钩住目标的左手腕，两人同时解放自己的抓腕手。

图 5-34　左右钩手固定

3. 民警身体下蹲，分别用释放出来的双手钩住目标的膝窝，快速使其双脚离开地面，破坏其重心。

图 5-35　钩手抬离

4. 当民警将目标抬离地面时，目标奋力挣扎，若民警感知无法有效实施抬离，应迅速将目标放置于地面。当目标的背部接触到地面时，左侧民警的左手先按压目标的面部，同时双腿夹住目标的上臂，右侧的民警实施手臂跪压。

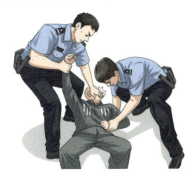

图 5-36　推腮稳控

📝 易犯错误

1. 实施腕锁控制遭到目标对抗时，民警未能钩握住目标前臂，导致目标的双手挣脱。

2. 在实施抬腿搬离时，未能从目标的膝窝处切入，反而试图从目标的大腿后侧切入。

3. 目标被放置于地面时，左侧民警未能快速使用手掌按压目标的面部，容易给目标快速实施仰卧坐起的机会，从而挣脱控制。

4. 右侧民警未能快速实施手臂跪压控制，无法形成警组合力，导致目标从地面挣脱。

四、从腕锁带离转向背心—侧面抱腿带离

1. 民警使用腕锁技术进行带离，遭到目标的强力对抗，无法有效带离目标。

图 5-37　腕锁遇抗

2. 左侧民警将自己的左手抽出，去抓握目标的左侧裤腰位置，并快速移动到目标的背后，做好使用背心控制技术的准备。

图 5-38　抓裤腰稳定

3. 左侧民警迅速将手插入目标左腋下，右手经其颈部右侧插入，于目标颈前交汇抓握，形成背心控制。

图 5-39　背心锁控

4. 目标左侧的民警迅速下蹲并将目标双腿抬起，使其身体重心向右侧倾斜，右侧的民警始终用背心技术抱住目标的躯干，并与对侧的民警一起轻轻地将目标放置于地面。

图 5-40　背心+抬腿

5. 一侧民警双手抓握目标的右手腕并向上托起，同时用自己的双腿膝盖内侧夹住目标的上臂，对其肘关节进行控制，另一侧民警迅速移动到目标的左侧，用双手将其左手按压于地面。

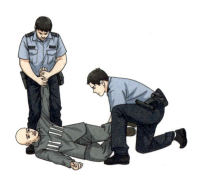

图 5-41 控肘压臂

✑ 易犯错误

1. 当腕锁控制受到对抗时，一侧民警未能及时绕到目标身体后侧实施背心控制，容易在第一时间被目标挣脱。

2. 一侧民警使用背心控制时，左手与右手的控制位置错位，错失控制时机，无法与抱腿民警形成合力。

3. 在一侧的民警实施背心控制的瞬间，另一侧的民警未能及时做出反应，错失双手抱腿抬离的机会，导致目标挣脱。

4. 一侧民警实施背心控制时，另一侧的民警未能从侧面将目标的双腿固定住，导致目标对侧脚挣脱圈抱，恢复重心，实施强力对抗。

任务四 警组协同的翻身技术

就监狱民警而言，除了监外就医等必须使用手铐的情形，很少会直接用到手铐技术。在监狱内，使用手铐意味着目标至少已经与民警产生过肢体的对抗，并让民警认为不使用手铐就难以约束目标的违法行为。一般情况下，民警会先进行三角戒备姿势，使用语言、警械甚至是枪械控制目标，再接近目标并实施手铐控制。手铐技术一般是与警组的协同控制、倒地的翻身，以及翻身后的控制结合使用的综合技术。因此，以下内容我们直接置入手铐技术，而不再对手铐使用技术进行单独介绍。

1. 一侧的民警用双手将目标的右手按压于地，另一侧的民警用双手抓握目标的右手腕并向上托起，同时用自己的双腿膝盖内侧夹住目标的上臂，令其肘关节抵住自己左侧大腿内侧，双手向该方向推按。

图 5-42 控肘压臂

2. 一侧民警将目标右手拉直，屈身向顺时针方向移动，移动时令其手臂紧贴于地面。另一侧民警右脚迈过目标的躯干，右腿大腿内侧抵住目标肘关节。

图 5-43 跨步顶肘

3. 一侧的民警继续控制目标左手并朝顺时针方向移动，另一侧民警大腿内侧继续抵住目标肘关节，抬起右小腿，将其手臂向对侧拖带，迫使目标肘关节、肩关节压力加大，通过向左侧翻身俯卧来代偿肘、肩关节的压力。

图 5-44 逆时针协同旋转翻身

4. 一侧的民警将目标的左手顺势推按到其背部，同时，另一侧的民警向左侧转体 90 度，双脚膝关节夹住目标的右手上臂，对其肘关节施压，形成有效控制。

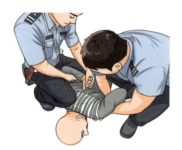

图 5-45 跪压控制

易犯错误

1. 目标倒地时，一侧的民警未能及时对其手臂神经点进行跪压，无法与另一侧的民警形成合力，容易被目标挣脱。

2. 一侧的民警未能用大腿内侧夹住目标的上臂，也没有对目标的肘关节形成压力，容易被目标挣脱。

3. 实施对侧翻身时，导致目标两手臂交叉，因而无法完成翻身。

4. 一侧民警实施对侧翻身时，未能使用大腿内侧贴住目标的肘关节并实施翻身，无法有效迫使目标因为肘关节活动度受阻而被迫翻身。

5. 目标被翻身的过程中，一侧民警未能将目标的右手推送至其背部先行跪压，导致动作不连贯，容易被目标挣脱。

思政元素

监狱人民警察的警组也可以理解为最小执法（作战）单元，是相对于监狱人民警察单警的概念而言的。监狱人民警察的警组是监狱内执勤的基本工作单元，负责执行具体的执法任务、处置狱内突发事件或暴力案件等，确保第一时间发现安全隐患，第一时间处置，第一时间恢复狱内秩序，以保证监狱绝对安全。一般而言，监狱人民警察的警组在人数上和其他的警种一样，最小配置为 2 人。警组处置模式能最大限度地提高监狱人民警察处置狱内突发事件或暴力案件的效率，充分发挥监狱人民警察快、准、狠的优势，有力打击狱内违规违法目标的嚣张气焰，规范执法方式，提升监狱人民警察的震慑力。

警组由单警组合而成，要发挥好警组成员之间"1+1>2"的作用，警组每个成员就必须要有心怀对警察职业的忠诚和对维护社会公平正义、保障人民安全这一使命的坚定信仰，始终把对党忠诚、服务人民、执法公正、纪律严明作为自己的工作总要求。在日常的训练和执法中，每个成员都要明确自己的职责，成员之间要有相互信任、相互支持、相互配合的意识，强调团队的整体利益高于个人利益；勇于担当，在面对困难和危险时，不推诿、不退缩，每个人都能以高度的责任感为警组的成功处置贡献力量，这也是警组协同的基础。

通过增强团队的凝聚力和战斗力，能够在警组训练模式中体现机动简便性，在警组素质构成中体现整体进阶性，进而在警组战术体系中体现灵活多变性，在警组作战中体现临战协同性。以坚定的政治信念、专业的能力素质、高超的技能水平担当起监狱人民警察的神圣使命。

习题

1. 警组协同徒手带离与控制技术的技术原理是什么？

2. 抱头防御切入的作用是什么？

3. 抱头防御切入转向钩锁固定控制的易犯错误有哪些？

4. 将目标拖向地面的瞬间，如何进行暂时的稳定与控制？

5. 对目标实施翻身时，实施肘关节控制的民警应该注意哪些事项？

单元六　民警自我防护与解脱技术

学习目标

知识目标：掌握自我防护与解脱技术的技术原理，了解人体要害部位及受击打后的生理机制。

技能目标：能在受控的第一时间做出反应并进行有效的解脱与自救。

思政目标：培养学生具备强烈的危机意识、忧患意识及安全意识，具备强大的抗压能力与心理素质，在遭遇紧急警情和突发事件时，能够保持冷静，沉着应对。

培养学生特别讲政治、特别能吃苦、特别能战斗的品质。

教学重点：目标从民警盲区位置实施颈部控制的防护与解脱。

教学难点：民警在地面受到压制、被用尖锐物挟持的挣脱与自救。

案例导入

2014 年 9 月 2 日，某县看守所发生一起杀警越狱案。案件虽然发生在看守所，但不能不引起我们监狱管理部门的重视与反思。

位于某县北郊的看守所是一栋两层楼高的建筑，集监舍和办公区为一体，外围是一道 5 米高围墙，上有铁丝网。一楼是关押行政拘留人员的地方，二楼则是关押重刑犯的监区，约有 11 间监舍。

被判死刑的高某伦已在二楼被羁押了 9 个多月，同舍在押人员王某民和李某伟都比他"晚来"，但三人"想出去"的念头一样强烈，于是一直在合谋计划逃走。

视频监控显示，9 月 2 日凌晨 4 时 19 分，只戴着脚镣的高某伦从监舍走出，为他打开门的是看守所的民警段某仁。在 1.5 米宽的走廊上，高某伦跟在段某仁身后，边走边交谈些什么，随后回望了一下敞开门的监舍。段某仁走在前面，不时揉眼，似乎刚睡醒。约 6 分钟后，王某民和李某伟偷偷溜出监舍。

某县看守所的民警存在违规接受在押人员的"委托"，为其购买香烟、食物等，并从中收取"回扣"的现象。双方在交易中建立"交情"，时间一久，在押人员若有生活上的要求，民警一般不会拒绝。这也成为民警会在凌晨打开监舍的某种解释——高某伦或许向段某仁提出了打电话的要求。

4 时 29 分，视频显示在值班室内与段某仁交谈的高某伦，乘段某仁不备从其身后紧勒住其脖子。就在段某仁挣扎之际，王某民和李某伟冲进了值班室。几分钟后，段某仁停止了呼吸。高某伦随后找到钥匙，打开了脚镣，随后他换上一身浅蓝色长袖警衬，配深色长裤和深色鞋，和同样换了警服的王某民和李某伟走出看守所大门。

整个越狱过程约为 23 分钟，不用锤子、不用挖洞，更不用爬臭水沟，从监区到大门的畅通无阻更是让高某伦都感到些许惊讶。三人在看守所大门四处张望了一会，随后大步走出看守所，直到听到大门哨岗的鸣枪示警后，才开始迅速逃跑。

任务一　自我防御与解脱技术的概念

一、自我防御与解脱技术的概念

近年来，袭警案件表现出数量逐年上升、预谋活动隐蔽、作案手段残忍、指向性明确及结伙袭警等特点，严重威胁着监狱人民警察的人身安全。自我防御与解脱技术是民警在遇到目标试图以徒手或者持械的方式控制、劫持民警时，民警通过击打目标要害部位、转移目标注意力以及利用杠杆原理，挣脱目标的控制与挟持的一种技术。

分析已经发生的案件不难发现，袭警案件常常发生在会见室、心理咨询室、民警值班室、生产场所、仓库、储藏室等场所。在这种犯情日趋复杂、执法环境越来越严峻的形势下，我们要求民警必须做好自身的安全防护，要严格执行个别谈话教育制度，严禁单独和在非安全场所与目标谈话，尤其是与顽危犯、患有精神疾病类型的目标谈话、接触时，更要提高警惕。

只有掌握监狱内袭警案件的规律和特点，提高民警自我安全防范意识和防范能力，创造相对安全的工作环境，才能切实保障民警的人身安全和财产安全，才能提高教育改造目标的质量，确保监狱安全稳定。

二、解脱与自我防护的技术理念

1. 提高自我防范意识。监狱民警必须牢固树立安全首位意识、职业风险意识，必须具备敏锐的观察力、灵敏的反应力和灵活的应变能力。

2. 不要让目标站在民警的盲区位置。尽管目标很难获取致命的杀伤性凶器，但最危险的武器莫过人的双手，特别是擅长于巴西柔术、柔道的目标的双手，这样的双手一旦从民警身体后方实施裸绞，在短短的6-8秒钟就会使民警晕厥，超过40秒就有生命危险。

3. 熟知目标身体的要害部位。目标在对民警实施控制时，肾上腺素急速飙升，加上占据有利位置，民警很难从目标的控制，特别是处于盲区位置的控制中挣脱出来，除非民警熟知目标身体的要害部位，并对其要害部位进行有效的击打，转移其注意力，从而快速从危险中挣脱出来。

4. 挣脱后迅速升级武力。挣脱以后不要试图与目标进行徒手的对抗与纠缠，根据武力使用原则，目标试图用暴力行为伤害民警且危及民警的生命安全时，民警可以使用致命武力保护自己、打击目标，这种致命武力包括使用催泪喷射器、警棍以及身边的一切物品。

任务二　身体正面被控制的解脱与自救

一、前掐颈的解脱（背部靠墙）

前掐颈的危险性在于目标很容易通过双手的施压阻断民警的呼吸以及脑部供氧，令民警快速窒息。此外，人体的咽喉部有 20 多块软骨，只需使用 40 多公斤的压力就可以使软骨破裂，造成呼吸困难，甚至是窒息死亡。

1. 目标双手掐住民警的颈部，并将民警压制在墙上，由于民警背部被固定，增大了目标双手对民警颈部施加的压力，造成民警呼吸困难与软骨受压。

图 6-1　前掐颈控制

2. 民警左手迅速向下拽拉目标的右手腕，同时右手上举，手掌朝内，上臂内侧紧贴自己的耳朵，夹住目标的左手手掌。

图 6-2　下拉上举

3. 民警身体快速向左侧旋转 90 度，使被夹在民警颈部和肩关节的目标的左手产生外旋，迫使其因关节受限而松开左手。

图 6-3　锁腕转体

4. 民警用左手将目标的右手固定在自己的胸口，右手屈肘用力向下砸击目标双手肘关节，迫使他的头部靠近自己的右手。

图 6-4　屈肘砸击

5. 民警身体快速向右侧回旋的同时将右肘抬起，借转体的力量横向肘击目标面部。

图6-5　横向肘击

6. 击打后，民警快速推开目标，拉开距离，视目标的对抗程度，决定采取武力升级或者降温。

图6-6　警棍戒备

✎ 易犯错误

1. 左手下拉、右手上举以及身体的旋转不协同，无法挣脱目标双手对民警颈部的控制。

2. 右手上举时未能贴住自己的耳朵，不能夹住目标的左手，导致身体旋转时无法给目标手腕施加压力。

3. 右手肘关节向下捶击时，左手未能将目标的右手固定在自己的胸口，导致目标的面部离开民警肘击的范围。

二、正面锁颈的解脱

正面锁颈的控制通常是民警和目标处于贴身胶着对抗时，由于目标体型与力量大于民警，民警处于劣势的情况下，目标用粗壮的手臂将民警的颈部锁在自己的腋下，造成民警呼吸困难、颈动脉受阻而窒息的一种危险控制方式。

1. 目标用右臂圈住民警的颈部，左手搭扣右手手腕，对民警的颈部造成巨大的压力，导致民警呼吸和脑部供氧困难。

图 6-7　正面锁颈

2. 民警右手用力向上撩击目标的裆部，令目标产生剧烈的疼痛而松懈锁颈的力量，同时转移其注意力。

图 6-8　正手拍裆

3. 民警乘机用双手抓握目标的右手腕并向下拉，使其右手固定在自己的胸口，同时右脚向目标的右后方迈步。

图 6-9　下拉上步

4. 民警右脚迈步后，身体向左后方转体 180 度，旋转的时候，会对目标的肘关节产生巨大的压力，从而令自己快速地挣脱目标的控制。

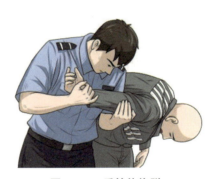

图 6-10　后转体挣脱

5. 民警从目标腋下挣脱出来后，迅速推离目标，拉开距离，视目标对抗情况，决定是否采取武力升级。

图6-11 推离后警棍戒备

📝 易犯错误

1. 当民警被目标锁颈控制时，试图用双手拉开目标的双手来减轻颈部的压力。

2. 右手击打目标裆部时，用力不足，无法快速转移目标的注意力。

3. 右脚向目标的右后方移动时，未及时向下拽拉和固定目标的双手。

任务三 身体侧面被控制的解脱与自救

一、侧面勒颈的解脱

目标实施侧面勒颈的主要目的：一是试图将民警拖向地面进行打击或者控制；二是通过侧面勒颈，将身体比较瘦小的民警拖进封闭的空间实施控制与挟持。

1. 目标从民警侧面用右手勒紧民警的颈部，试图压迫民警的颈动脉或是将民警摔向地面进行控制。

图 6-12　侧面勒颈

2. 民警将头转向自身左侧，以减轻颈动脉的压力，同时右脚快速移至目标右脚前来支撑住自己的身体平衡。

图 6-13　上步支撑

3. 右手顺势用力拍打目标的裆部，来转移其注意力从而减轻其手臂对民警颈部的控制力量。

图 6-14　上步拍裆

4. 双手下拉目标右手，左手由目标的头部右侧经过，抵于其面部，并将目标的脸部向左后方推，迫使其颈椎因向后的活动度受限而向后倒地。

图 6-15　推脸别颈

5. 当目标身体重心后仰时，民警应快速拉开距离，视目标对抗情况，决定是否采取武力升级。

图 6-16　警棍戒备

📝 **易犯错误**

1. 当目标侧向勒颈时，民警右脚未能上步支撑，容易被摔向地面。

2. 没有及时击打目标的裆部，而是试图直接拽拉目标的手来减轻自己颈部的压力。

3. 拍击目标裆部后，急于挣脱目标双手的控制，没有及时用双手下拉目标的右手，容易被目标二次夹颈控制。

二、侧面掐颈的解脱与自救

侧面的掐颈控制危险性并不是很大，但如若目标的力量较大，也可能导致民警喉咙软骨的严重损伤以及因气管受阻而暂时地晕厥与窒息。

1. 目标从民警右侧突然掐住民警的颈部，民警迅速向左侧移动一步来稳定身体平衡，同时左手抓握目标的右手腕并向下拉拽。

图 6-17　侧面掐颈

2. 民警左手抓握下拉的同时，右手拍击目标的裆部，快速转移目标的注意力，从而减轻目标双手的力量。

图 6-18　下拉拍裆

3. 民警右手屈肘向上击打目标的下颚，使其因脑部受到震荡而无法发起二次攻击。

图6-19 上挑肘击

4. 民警应快速与目标拉开距离，视目标对抗情况，决定是否取出警械进行武力升级。

图6-20 武力升级

✏️ 易犯错误

1. 民警左手抓腕下拉与右手击打裆部没有同步，无法快速转移目标的注意力。

2. 右手屈肘撞击目标的下颚后，没有及时与目标拉开距离，容易遭到二次攻击。

任务四 从身体盲区位置控制颈部的解脱与自救

一、后勒颈的挣脱与自救

目标由民警盲区接近并实施后勒颈控制，主要的目的就是试图阻断民警的呼吸和颈动脉对脑部的供血，从而令民警快速眩晕、窒息甚至是死亡。因此，如何快速从目标的控制中挣脱出来，就显得非常重要。

1. 目标由民警身体盲区进入，用双手勒住民警的颈部，试图导致民警窒息等严重伤害。

图 6-21　后勒颈控制

2. 民警双手向下拽拉目标的右手手腕，臀部向自身右侧挪动，令目标的裆部暴露在自己左手的击打范围内。

图 6-22　下拉挪髋

3. 民警左手用力拍击目标的裆部，令其产生剧烈的疼痛，从而快速转移其注意力。

图 6-23　掌击裆部

4. 民警拍裆后，双手抓握目标的右手腕并下拉，左脚向目标右脚后侧撤步，身体快速旋转，带动目标的肘关节跟随民警身体旋转。

图 6-24　撤步转体

5. 民警右脚后撤的同时，双手加大向外侧拉腕的力量，使目标的肘关节打开，颈部从目标的肘关节控制中挣脱出来。

图 6-25　腋下挣脱

6. 民警挣脱目标的控制后快速推开目标，迅速抽出警棍进行武力戒备。

图 6-26　警棍戒备

📝 易犯错误

1. 民警试图用双手去拽拉目标的双手以减轻颈部的压力，而未能快速拍击目标的裆部。

2. 左脚向目标的右脚后侧移动时，双手没有向下拽拉目标的双手，容易受到目标二次勒颈控制。

3. 挣脱后未能及时推开目标，容易受到目标的二次攻击。

二、盲区发起撞击的防御

当民警面向墙壁、柱子，或者正在低头检查工作台的设施设备时，目标很有可能在民警的盲区位置，抓住民警的头发并用力将其面部撞向墙壁、桌子等硬物，直接导致民警面部、脑部的严重伤害。

1. 目标接近民警盲区，突然抓住民警的头发，用力撞击墙面，民警双手快速交叉支撑墙面，头部右转，避免面部正面撞击。

图 6-27　叠掌缓冲

2. 民警双手用力推击墙面，并快速向右后方转体，转身时右手屈肘横向击打目标面部。

图 6-28　向后肘击

3. 民警横向肘击目标面部以后，继续向后转体，顺势横向捶击目标的面部，削弱目标的攻击能力。

图 6-29　转体捶击

4. 该类型的攻击属于致命攻击，民警挣脱目标的控制后快速推开目标，迅速抽出警棍进行武力升级及有效打击。

图 6-30　警棍戒备

易犯错误

1. 民警突然受到撞击后，双手未能及时交叉支撑墙面，面部容易受到撞击。

2. 民警向后转体时，没有横向肘击目标的面部，极易受到目标二次攻击。

三、背后熊抱的解脱

目标从民警背后实施熊抱的目的有两种：一是想快速破坏民警的重心，将民警摔向地面实施控制与攻击；二是试图合谋抢夺民警的警械，或者其中一名目标将民警控制，给另一名目标创造攻击的机会。

1. 目标突然从民警身体后方抱住民警的双臂，试图将民警摔倒或者给第三方抢夺民警的警械创造机会，民警应快速降低身体重心。

图 6-31 侧向挪髋

2. 民警应快速将髋部向自身右侧挪动，将目标的裆部暴露在自己左手可攻击的范围内，并快速用左手向后拍击目标的裆部，令其产生剧烈的疼痛，以减弱其双手熊抱的力量。

图 6-32 掌根拍裆

3. 目标裆部被拍击的瞬间，双手熊抱的力量会大大减弱，此时民警应快速将双臂向斜上方抬起，以挣脱目标双手熊抱的控制。

图 6-33 侧身抬臂

4. 民警应快速与目标拉开距离，视目标对抗情况，决定是否取出警械进行武力升级。

图 6-34　推离后武力升级

任务五　在地面被压制的解脱与自救

一、在地面被压制掐颈的解脱

民警被目标拖向地面时最常见的压制方式就是骑乘在民警的腹部或躯干，然后用双手死死掐住民警的颈部，试图令民警窒息甚至是死亡。

1. 目标以骑乘的方式压制民警，并用双手掐住民警，试图使民警窒息。

图 6-35　圈手固定

2. 民警双手抓握目标的手腕向身体两侧拽拉，同时双脚屈膝向上挺髋，破坏目标的身体重心。

图 6-36　勾手外拉

3. 在目标双手撑地的瞬间，民警左手应快速圈住目标的右手肘关节，形成固定。

图 6-37　左侧圈臂

4. 民警右手握拳攻击目标的肋骨，同时右脚屈膝蹬地，向左侧顶髋，继续破坏目标身体的重心。

图 6-38　右侧击肋

5. 民警左手圈住目标的手臂，右手击打目标的肋骨，同时右脚蹬地挺髋，身体在地面向左侧翻滚，使目标翻倒在地。

图 6-39　转体翻身

6. 民警快速调整身体的姿势，左膝跪地，右腿跪立，此时目标的左脚恰好置于民警的右腿上侧。

图 6-40　立脚支撑

7. 民警右手桡骨抵住目标小腿后侧，快速将其右腿推向自己身体的左侧。

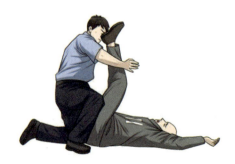

图 6-41　抬脚翻转

8. 民警双手支撑目标的身体，让自己快速从地面站立起来，拉开距离，视目标对抗情况，决定是否采取武力升级。

图 6-42 压制撑起武力升级

📝 易犯错误

1. 目标骑乘压制、掐颈民警时，民警抓握拽拉和屈膝挺髋没有同步进行，无法有效将目标的双手拉开。

2. 左手圈臂和右手击打目标肋骨以及右腿屈膝挺髋不能做到很好的协同，无法有效将目标翻转过来。

3. 翻身后，民警没有及时调整身体的姿势，容易受到目标的蹬踹。

二、倒地勒颈的解脱与自救

对于普通民警来说，在工作岗位中最危险的事情莫过于被目标拖向地面并被其从自己的背后实施了勒颈控制，这很容易导致民警快速的晕厥、窒息甚至是死亡。

1. 目标从民警盲区位置使用后勒颈控制将民警拖向地面，民警迅速用双手指尖向后戳击目标的眼睛。

图 6-43 向后戳击

2. 当目标眼睛受到戳击后，民警双手迅速抓握其手腕并向下拽拉，以减轻颈部的压力，保持脑部正常供氧。

图 6-44　下拉固定

3. 民警双手固定目标的右手腕并往自己的腹部方向拉，身体向左侧翻转，通过身体的翻转，带动目标的手臂转动。

图 6-45　下拉转体

4. 民警身体翻转的过程中，从目标的手臂控制中挣脱出来。挣脱后，民警左膝跪地，右脚蹲立，维持身体的稳定。

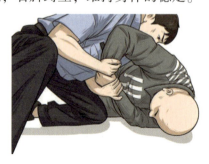

图 6-46　腋下挣脱

5. 民警可以肘击或者拳击目标的面部和头部，也可以借助目标的身体快速令自己站立起来，并拉开距离。

图6-47 压制肘击武力升级

📝 易犯错误

1. 民警被拖向地面时，未能通过击打目标面部要害部位及时转移其注意力。

2. 身体旋转时，没有将目标的控制手向下拉拽，导致颈部压力过大而窒息。

3. 民警在旋转身体时，未能将目标手腕固定到自己的胸口，不能有效地给目标的肘关节施加压力，导致无法有效挣脱。

任务六 致命物品挟持的解脱与自救

一、颈部被尖锐物挟持的解脱

民警颈部被目标持尖锐物控制与挟持属于极端的暴力劫持行为，除非迫不得已或者生命危在旦夕，否则被挟持民警不要盲目尝试挣脱，因为尖锐物离颈动脉太近，很容易导致颈动脉被划割。

1. 目标从民警的盲区接近，用尖锐物抵住民警的颈动脉，试图挟持民警。

图 6-48　颈部被尖锐物挟持

2. 分散目标的注意力，双手非常隐蔽地靠近目标持械手，用双手突然下拉目标持械手，让尖锐物远离颈部，同时双手牢牢将目标持械手固定在自己的胸口。

图 6-49　下拉固定

3. 左脚快速向目标的右脚后侧移动，身体向下、向后方移动并旋转，双手始终将目标持械手固定在胸前，通过身体旋转对目标肘关节施加压力。

图 6-50 撤步转体

4. 身体带动手臂的旋转，使得目标的肘关节迅速被打开，空间变大，民警可以快速从其腋下挣脱出来。

图 6-51 腋下挣脱

5. 挣脱后可以选择推开目标对象，前提是现场有足够的支援力量与装备，否则，解脱后推开目标对象可能遭受更疯狂的攻击。此时，可以选择用尖锐物攻击目标的身体，迫使其放弃武器。

图 6-52 防卫推刺警棍戒备

📝 易犯错误

1. 当目标用尖锐物抵住民警颈部时，民警未能用双手隐蔽地接近目标持械手手腕，一旦目标实施伤害时，无法完成快速抓腕。

2. 双手抓腕下拉、固定胸口的动作与左脚后撤步动作脱节，无法快速对目标肘关节形成压力，容易导致目标对其颈部实施伤害。

3. 挣脱后，民警试图夺下目标手中的尖锐物，容易遭到目标二次伤害。

二、被绳索勒颈的解脱与自救

监狱里随处可见带状物，如衣服的边角料、目标穿着的衣服的袖子和裤子的裤腿都可以变成伤害民警的工具，特别是目标在民警的盲区使用这些物品实施勒颈控制，民警很难挣脱，并会在短时间内导致窒息甚至死亡。

1. 目标使用绳索或者衣服的袖子从后侧勒住民警的脖子，试图令民警窒息或者死亡。

图 6-53　绳索勒颈

2. 民警迅速将左脚向目标的右脚后方撤步，同时快速地将自己的头部向自身左侧转动，避开左侧的颈动脉压迫。

图 6-54 撤步转体

3. 左脚后撤的同时，右手顺势拍击目标的裆部，快速转移其注意力，削弱其双手的控制力。

图 6-55 掌击裆部

4. 目标双手松开后，民警快速从绳索的控制中挣脱出来，并将目标推开，进行武力升级。

图 6-56 挣脱推离后警棍戒备

易犯错误

1. 当民警颈部被绳索勒住后，试图用双手将绳索拉开以减轻颈部的压力。

2. 民警被绳子勒住后，试图通过向后拍裆来转移目标的注意力，而目标在民警的正后方，不易被击中裆部。

思政元素

由于狱情、犯情、敌情处于不断的变化之中，决定了监狱人民警察日常工作的高强度、应对突发事件的高对抗、面对暴力袭击的高危险。只有提高民警的职业素养岗位综合能力，才能使他们在保障自身安全的同时，更好地履行职责，维护社会的公平正义。

监狱人民警察要有危机意识，面对时时存在的执法安全风险，必须加强执勤现场的控制和防范，提高自我防护能力，避免遭受意外伤害，特别是要重视清晨、黄昏、夜间等弱光环境下在"三大现场"执勤中的执法安全；要有英勇无畏的胆气，在面临危险和困境时，坚定履行职责，毫不退缩，但同时也要注重策略和战术，避免盲目冲动；要有法治观念，当遇到对抗与袭击时，监狱人民警察在解脱与自我防护的过程中，必须严格依法行事，遵循法律规定，不得滥用职权或超越法律界限；要关注整体安全，在进行解脱与自我防护时，不仅要保护自己，还要关心队友和周围人员的安全，甚至还要考虑袭警目标的安全，时刻保持冷静和克制，避免过度使用武力导致不必要的伤害；要讲求团队协作，培养战友之间相互信任、相互支持、协同作战的能力；要未雨绸缪，认真组织排查执法安全隐患，完善突发事件应急预案，包括前期的预防预警、过程中的应急处置以及后期的善后处理等方面，切实做到把工作落实在前，把风险控制在前，把隐患消除在前，把事故防范在前；要加强训练，通过正确地实施解脱与自我防护技术，能快速、精准、有效地解脱；要加大硬件投入，配齐执法取证设备及相关防护装备，充分利用监控设施、执法记录仪、摄像机、照相机、录音笔等能如实、有效还原客观真实情形的取证设备，使执法活动能够被全程记录，便于根据需要还原、再现执法情形。

📖 习题

1. 人体最常见的要害部位有哪些？被目标控制时，为什么要首先击打目标的要害部位？

2. 颈部被锁住可能导致的危险有哪些？请举例说明。

3. 解脱与自我防护的技术理念有哪些？

4. 盲区被撞击的防御技术中有哪些易犯错误？

5. 后勒颈的解脱技术与盲区遭刀械挟持的解脱技术的共同点与区别分别是什么？